Donut Rezeptbuch

Die leckersten Donut Rezepte für jeden Anlass mit und ohne Donut Maker

Maike Sonnentau

Alle Ratschläge in diesem Buch wurden vom Autor und vom Verlag sorgfältig erwogen und geprüft. Eine Garantie kann dennoch nicht übernommen werden. Eine Haftung des Autors beziehungsweise des Verlags für jegliche Personen-, Sach- und Vermögensschäden ist daher ausgeschlossen.

Email: info@edition-lunerion.de
www.edition-lunerion.de

Psiana eCom UG
Berumer Str. 44
26844 Jemgum

Vorwort

Unverwechselbare Form, unverwechselbarer Geschmack und tausende unterschiedliche Rezepte: Der ursprünglich amerikanische Donut hat längst seinen Siegeszug durch die Welt angetreten und auch hierzulande werden die leckeren Teigkringel immer beliebter. Kaufen kann man sie mittlerweile allenthalben, allerdings: Die besten Donuts sind noch immer selbstgemacht und in diesem Buch erfahren Sie, wie Sie künftig ganz einfach selbst Ihre persönlichen Lieblingskringel zaubern!

Mit Schoko oder ohne: So kennen die meisten Menschen Donuts, dabei können die runden Gebäckstücke noch so viel mehr! Ob mit Mango, Marzipan, Pistazie oder Karamell, ob gefüllt oder nicht, ob Rührteig oder mit Backpulver und sogar pikant – Donuts gibt es in nahezu unendlich vielen Variationen, sodass wirklich jeder Geschmack zufriedengestellt wird.

Das Beste daran: Entgegen der häufigen Befürchtung müssen Donuts dann auch nicht unbedingt ungesunde Kalorienbomben sein, denn ganz im Gegenteil gibt es mittlerweile zahlreiche Rezepte für vegane, glutenfreie oder sogar Vollkorn-Varianten und auch das fettarme Ausbacken im Ofen ist eine köstliche Möglichkeit, die Kringel gesünder zu gestalten.

Deshalb finden Sie in diesem Rezeptbuch eine verführerische Riesenauswahl an Rezepten aus sämtlichen Kategorien, also machen Sie sich ans Backvergnügen und schlemmen Sie sich kreuz und quer durch die unterschiedlichsten Leckerbissen!

Guten Appetit!

INHALT

Was ist eigentlich ein Donut?

Das Wort Donut, ursprünglich doughnut geschrieben, setzt sich aus den Worten dough für „Teig“, und nut, also „Nuss“, zusammen. Dies kommt wohl daher, dass man laut Rezept aus Teig eine kleine Nuss formen soll. Ob dies aber wirklich der Grund für den gewählten Namen ist, ist heute nicht mehr nachvollziehbar. Man geht jedoch davon aus, dass die Ur-form des Donuts ein Gebäck namens „Olykoeks“ ist, was „ölige Kekse“ bedeutet, oder auch Oliebollen, also Ölkugeln, und bereits im 17. Jahr-hundert von aus den Niederlanden stammenden Einwanderern in die Vereinigten Staaten gebracht wurde. Zu Beginn hatte dieses Gebäck je-doch kein Loch in der Mitte, sondern es waren, wie der Name schon vermuten lässt, kleine, aus süßem Teig hergestellte Bällchen, die in heißem Öl frittiert wurden.

Heute hingegen sind es Ringe bzw. sie haben die typische sogenannte Torus-Form mit eben jenem charakteristischen Loch. Aber wie kam es dazu? Entscheidend hierfür war wohl, dass der Teig der Bällchen, die im Laufe der Zeit immer größer wurden, in der Mitte oft nicht richtig durchgebacken war und deshalb gegenüber der Außenseite eher matschig blieb. Deshalb soll eine Frau mit dem Namen Elizabeth Gregory im

19. Jahrhundert eine Idee gehabt haben: Sie platzierte in der Mitte Nüsse. Einen Vorrat des Gebäcks gab sie dann regelmäßig ihrem Sohn, der damals zur See fuhr, auf seine Fahrten mit. Dieser soll jedoch die Nüsse, die er nicht mochte, immer aus dem Teig gepuhlt haben, vielleicht störte ihn aber auch einfach der matschige Teig in der Mitte. Dies ist jedoch nur eine von mehreren Geschichten zur Entstehung des Loches im Donut. Eine andere besagt, dass der Sohn, wenn er das Schiff steuerte und dabei eben jenes Gebäck aß, dieses zur Sicherheit auf dem Steuerrad aufspießte, um die Hände frei zu haben, wodurch das besagte Loch entstand. In einer wieder anderen wird jedoch gesagt, dass Mr. Gregory das Loch mit einem Pfefferstreuer aus Blech aus dem Bällchen herausgestochen habe, um es nicht essen zu müssen. Welcher Grund es auch immer war, schließlich hatte der Donut sein Loch und behielt es bis heute.

Um das Ausstechen jedoch auch schnell bei größeren Backmengen durchführen zu können, erfand der Ingenieur Blondel einen Donut-Lochstanzer, der schließlich auch bei der industriellen Produktion des Gebäckes eingesetzt wurde.

So wurde der Donut mit der Zeit zu einem festen Bestandteil der nord-amerikanischen Gebäcklandschaft. In Europa war er jedoch bis zum Ende des 20. Jahrhunderts eher unbekannt. Erst danach etablierte er sich auch hier zunehmend auf diesem Gebiet und heute gibt es auch auf dem europäischen Kontinent zahlreiche Filialen einiger Schnellrestaurantketten, die sich auf die Donut-Produktion und den -Verkauf spezialisiert haben, wie z. B. Dunkin' Donuts und Krispy Kreme. Letzterer ist auch der größte Donut-Produzent in den USA. Diese Produkte werden dabei nicht nur in den eigenen Filialen der genannten Unternehmen verkauft, sondern auch als Lizenzprodukte in Tankstellen und Super-märkten. Das führte schließlich dazu, dass der Donut heute ein weltweit bekanntes und beliebtes Gebäck ist.

Wenn man heute von einem Donut spricht, ist im Allgemeinen ein etwa handtellergroßer, aus Hefeteig bestehender, frittierter Ring mit einem Loch in der Mitte gemeint. Es gibt ihn aber mittlerweile in unzähligen Variationen, Geschmacksrichtungen und Formen – ob klassisch wie oben beschrieben oder z. B. als Kugel oder Stäbchen, ob mit Zucker bestreut oder mit Glasur überzogen, ob gefüllt oder ohne Füllung. Heutzutage werden viele Arten frittierter Teiggebäcke als Donut bezeichnet. Außerdem muss es heute kein Hefeteig mehr sein, sondern auch ein Rühr- oder ein Blätterteig ist möglich, der dann jedoch im Ofen gebacken wird, und es gibt auch schon Kombinationen aus Muffin und Donut sowie aus Croissant und Donut. Die Auswahl ist nahezu unerschöpflich. Dies werden auch Sie feststellen, wenn Sie sich die Rezepte im Hauptteil dieses Buches ansehen.

Nachfolgend finden Sie jedoch zunächst eine Auflistung der Basiszutaten, die Sie unbedingt zur Hand haben sollten, wenn Sie Donuts oder auch anderes Schmalzgebäck backen möchten. Außerdem erhalten Sie einen Überblick darüber, welche Utensilien Sie für die Herstellung benötigen, sowie einige praktische Tipps für das Backen und Aufbewahren von Donuts.

BASISZUTATEN

Hefe

Als eine der wichtigsten Zutaten, vor allem für klassische Donuts, benötigen Sie Hefe als Triebmittel, damit Ihr Gebäck leicht und luftig wird. Verwenden Sie am besten Trockenhefe, die in kleinen Tüten erhältlich ist.

Backpulver

Als Alternative zur Hefe wird in vielen Rezepten auch Backpulver verwendet. Hiervon wird der Teig von der Konsistenz aber eher kuchenartig und weniger geschmeidig.

Mehl

Möchten Sie Donuts aus Hefeteig herstellen, dann verwenden Sie möglichst helles Mehl aus Weizen, Typ 550 oder 1050. Damit wird Ihr Gebäck leicht und luftig. Mit Mehl des Typs 405 werden es dagegen weniger luftig und zäher.

Butter

Für den Donut-Teig benötigen Sie außerdem Butter, da sie diesen geschmeidig macht. Wenn Sie einen Hefeteig backen, dann sollte die Butter gekühlt sein.

Milch

Die verwendete Milch sollte bei der Donut-Herstellung lauwarm sein. Das unterstützt die Hefe und führt dazu, dass Ihr Teig besser geht. Welche Milchsorte Sie dafür wählen – fettreduzierte oder Vollmilch, H-Milch oder Frischmilch etc. –, bleibt Ihnen überlassen.

Außerdem sollten Sie noch **Eier, Zucker, Öl** sowie **Salz** zur Hand haben.

NOTWENDIGES ZUBEHÖR

Im Großen und Ganzen benötigen Sie für das Backen von Donuts keine besonderen Utensilien, sondern Arbeitsgeräte, die in den meisten Küchen sowieso vorhanden sind. Es gibt jedoch ein paar Ausnahmen.

Zunächst brauchen Sie **Backpapier**, am besten kleine, quadratische Zuschnitte, um die geformten Donuts abzulegen und von dort aus zum

Frittieren in das heiße Öl zu geben. Macht man es mit jedem Gebäck einzeln, geht es leichter und der Vorgang ist auch besser kontrollierbar, denn hierbei gilt es, sehr vorsichtig zu sein, da das Öl dann auf eine Temperatur zwischen 160 °C und 180 °C, am besten auf 170 °C, erhitzt ist. Für Letztgenanntes benötigen Sie ein **Zuckerthermometer**, um sicherzugehen, dass genau die richtige Temperatur erreicht ist und diese auch konstant bleibt. Denn wenn die Temperatur zu hoch ist, wird der Teig von außen zu schnell braun, während er innen nicht durchbäckt. Fällt die Temperatur zu weit, dann nimmt der Teig zu viel Öl auf und bekommt eine pampige Konsistenz.

Außerdem ist es von Vorteil, wenn Sie **Klarsicht- oder Frischhaltefolie** haben, um den Teig nach dem Backen damit abzudecken. Das verhindert, dass der Teig austrocknet. Sie können dafür jedoch auch z. B. ein leicht angefeuchtetes Geschirrtuch verwenden.

Um die fertigen Donuts nach dem Frittieren gut abtrocknen zu lassen, verwenden Sie am besten **Küchenpapier**, da dieses sehr saugfähig ist und das Restöl gut aufnimmt.

Eine große Hilfe bei der Herstellung ist zudem ein **Mixer**, vor allem für das Kneten des Teiges. Sie sparen Kraft und auch Zeit, denn wenn Sie einen Standmixer verwenden, können Sie während des Knetvorgangs bereits andere Dinge erledigen, wie z. B. die Füllung oder die Glasur herstellen.

Außerdem benötigen Sie eine **Zange**, um die fertig frittierten Donuts wieder aus dem Topf zu nehmen. Sie können dafür aber z. B. auch einen **langstieligen Schaumlöffel** benutzen.

Hilfreich sind außerdem Spritzbeutel mit Tüllen. Mit diesen gelingt es sehr gut, den bereits gemischten Teig ohne Ankleben oder große Spritzer in die Mulden des **Donut-Backbleches** zu füllen. Letzteres ist ein Utensil, das Sie sich höchstwahrscheinlich extra kaufen müssen, wenn Sie planen, Donuts zu backen.

Es ist jedoch eine sinnvolle Investition, vor allem, wenn Sie noch weitere Rezepte ausprobieren wollen. Diese Backform gibt es schon für sechs Donuts, aber auch für zwölf Stück. Außerdem können Sie anstelle eines Bleches auch eine Silikonform er-werben.

Ein weiteres besonderes Zubehör ist ein spezieller **Donut-Ausstecher.** Dieser hat eine Ringform sowie ein Loch in der Mitte. Sie können natürlich auch eine einfache runde Ausstechform verwenden und dann in der Mitte z. B. mit einer Spritzbeuteltülle ein Loch in den ausgestanzten Teig drücken. Zudem sind auch andere Ausstecher mit verschiedensten Formen beispielsweise für Plätzchen verwendbar. Beachten Sie dabei aber immer, dass im Falle eines Hefeteiges dieser noch aufgeht und so etwa spitze Ränder wie bei Sternen dann nicht mehr erkennbar sind.

Um die Donuts zu frittieren, können Sie, wenn Sie etwas mehr investieren wollen, eine **Fritteuse** verwenden. Dies hat den Vorteil, dass man die Öltemperatur genau einstellen und zudem konstant halten kann, damit der Teig gleichmäßig gegart wird. Das bedeutet jedoch auch einige Anschaffungskosten. Wenn Sie jedoch dafür kein Geld ausgeben möchten, dann können sie die Donuts natürlich auch in einem **Topf** ausbacken. Dabei sollten Sie ein eher tiefes Exemplar verwenden, denn umso unwahrscheinlicher ist es, dass das Öl beim Hineingeben des Teiges herausspritzt. Der Topf muss mindestens so viel Öl enthalten, dass die Donuts beim Ausbacken an der Oberfläche schwimmen, ohne dass sie den Boden berühren. Außerdem sollte der gewählte Topf auch keine **Antihaftbeschichtung** haben. Einen solchen Topf benötigen Sie je-doch, wenn Sie für eine Glasur z. B. Schokolade schmelzen möchten.

Haben Sie für die Teigherstellung keine Hefe verwendet, können Sie die Gebäckstücke auch in einem elektrischen Donut-Garer, das heißt ohne Öl, zubereiten.

TIPPS ZUR HERSTELLUNG

Möchten Sie für die Donuts einen klassischen Hefeteig herstellen, dann bedenken Sie schon vorher, dass der Teig einige Zeit zum Gehen braucht. Deshalb sollten Sie mit der Herstellung des Teiges ca. zwei Stunden vor dem Ausbacken beginnen. Ist die Zeit eher etwas knapp bemessen, dann sollten Sie sich eher dafür entscheiden, die Donuts im Ofen ausbacken zu lassen, denn wenn der Teig nicht frittiert werden muss, lassen sich die Donuts schneller herstellen und sie sind zudem gesünder.

Achten Sie außerdem darauf, dass Sie die ausgebackenen Donuts zunächst etwas abkühlen lassen, bevor Sie mit dem Aufbringen einer Glasur oder einer anderen Garnierung beginnen. Sie sollten jedoch noch warm sein.

Sollen Ihre fertigen Donuts eine Füllung erhalten und glasiert bzw. garniert werden, dann beginnen Sie mit dem Füllen. Denn ist die Garnitur noch nicht aufgebracht, kann man das Gebäck noch problemlos von allen Seiten anfassen, ohne dass man eventuell dabei die Garnierung beschädigt.

Sollten Sie schließlich eine größere Anzahl Donuts hergestellt haben, als letztendlich verzehrt werden, dann können Sie diese auch aufbewahren. Legen Sie sie dafür in eine Frischehaltebox. Einige Sorten, wie z. B. mit Sahnefüllung, müssen auch in den Kühlschrank gestellt werden. Insgesamt sind im Öl ausgebackene Donuts im Vergleich zu im Ofen gebackenen etwas weniger lange haltbar.

Außerdem können Sie das hergestellte Gebäck auch einfrieren. Dies sollte jedoch erfolgen, wenn Sie noch nicht gefüllt und/oder mit einer Zuckerschicht überzogen sind. Legen Sie die Donuts direkt nach dem Abkühlen in einen Behälter zum Einfrieren, der auch luftdicht ist. Möchten Sie das Gebäck dann verzehren, sollten Sie den Behälter nach dem Herausnehmen aus dem Gefrierschrank noch geschlossen und die Donuts darin auftauen lassen, damit die Feuchtigkeit des Teiges erhalten bleibt. Sind sie dann aufgetaut, sollten sie anschließend innerhalb eines Tages gegessen werden.

REZEPTE

Donuts, das sind doch süße und fettige Kalorienbomben! So denken wahrscheinlich die meisten, wenn sie das Wort Donut hören. Dass es jedoch auch ganz anders geht, werden Ihnen unsere nachfolgenden Rezepte beweisen. Hierbei werden Sie zwar einerseits auch Herstellungsvorschläge für klassische Donuts finden, andererseits gibt es heutzutage jedoch bereits zahlreiche Möglichkeiten, beispielsweise vegetarische bzw. sogar vegane Donuts selbst zu backen.

Außerdem befasst sich ein Abschnitt nur mit Rezepten für den Donut-Maker. Dieses Gerät funktioniert prinzipiell wie ein Waffeleisen und man kann damit gleichzeitig sechs eher klei-ne, sogenannte Mini-Donuts herstellen. Also: Lassen Sie sich überraschen.

Klassische Donuts mit Hefeteig

DONUTS MIT GLASUR

12 Stück

120 Min.

Leicht

Zutaten

120 ml Vollmilch, lauwarm
50 ml Wasser
225 g Weizenmehl, Typ 550
300 g Puderzucker
65 g gekühlte, gewürfelte Butter
1,5 TL Trockenhefe
1 Ei
1 Prise Salz
1 EL Zucker

Außerdem
1 l Sonnenblumenöl
Mehl zum Bestreuen der Arbeitsplatte

Nährwerte

264 kcal
45,6 g Kohlenhydrate
9,2 g Fett
3,2 g Eiweiß

1 Nehmen Sie eine Schüssel und geben Sie das Mehl, den Zucker, die Hefe sowie das Salz hinein. Vermischen Sie die Zutaten mit den Händen und kneten Sie die Butter gut in die Mischung hinein. Fügen Sie die Milch sowie das vorher verquirlte Ei hinzu und vermengen Sie alles, bis ein glatter Teig entsteht.

2 Den Teig aus der Schüssel nehmen, auf eine mit etwas Mehl bestreute Fläche legen und etwa zehn Minuten durchkneten. Eine zweite, saubere Schüssel leicht einfetten, den Teig hineingeben und abgedeckt für ca. eine Stunde an einen warmen Ort stellen. Danach sollte der Teig etwa doppelt so groß sein.

3 Anschließend den Teig erneut auf eine leicht mit Mehl bestreute Arbeitsfläche legen und so ausrollen, dass er ca. einen Zentimeter dick ist. Den Donut-Ausstecher zur Hand nehmen und zwölf Ringe ausstechen. Diese auf ein Stück Backpapier legen und abgedeckt erneut für etwa eine halbe Stunde an einen warmen Ort stellen.

4 Einen tiefen Topf nehmen und darin das Sonnenblumenöl auf ca. 170 °C erhitzen.

5 Zunächst drei Donuts vom Backpapier nehmen und zum Ausbacken vorsichtig in das erhitzte Öl geben. Sie müssen zwischen einer halben und einer Minute von jeder Seite gegart werden, bis sie goldbraun sind. Die Donuts danach aus dem Topf nehmen und auf etwas Küchenpapier abtropfen und kurz abkühlen lassen.

6 Abschließend in einer kleinen Schüssel das Wasser mit dem Puderzucker verrühren, bis eine Glasur entsteht. Die noch warmen Donuts hineintauchen und danach trocknen lassen.

MIT ZUCKER BESTREUTE DONUTS

12 Stück

120 Min.

Leicht

Zutaten

120 ml Vollmilch, lauwarm
225 g Weizenmehl, Typ 550
65 g gekühlte, gewürfelte Butter
1,5 TL Trockenhefe
1 Ei
1 Prise Salz
1 EL Zucker

Außerdem
1 l Sonnenblumenöl
Mehl zum Bestreuen der Arbeitsplatte
120 g Zucker zum Bestreuen

Nährwerte

203 kcal
29,4 g Kohlenhydrate
9,2 g Fett
3,2 g Eiweiß

1 Nehmen Sie eine Schüssel und geben Sie das Mehl, den Zucker, die Hefe sowie das Salz hinein. Vermischen Sie die Zutaten mit den Händen und kneten Sie die Butter gut in die Mischung hinein. Fügen Sie die Milch sowie das bereits verquirlte Ei hinzu und vermengen Sie alles, bis ein glatter Teig entstanden ist.

2 Den Teig aus der Schüssel nehmen, auf eine mit etwas Mehl bestreute Fläche legen und etwa zehn Minuten durchkneten. Eine zweite, saubere Schüssel leicht einfetten, den Teig hineingeben und abgedeckt für ca. eine Stunde an einen warmen Ort stellen. Danach sollte der Teig etwa doppelt so groß sein.

3 Anschließend den Teig erneut auf eine leicht mit Mehl bestreute Arbeitsfläche legen und so ausrollen, dass er ca. einen Zentimeter dick ist. Den Donut-Ausstecher zur Hand nehmen und zwölf Ringe ausstechen. Diese auf ein Stück Backpapier legen und abgedeckt erneut für etwa eine halbe Stunde an einen warmen Ort stellen.

4 Einen tiefen Topf nehmen und darin das Sonnenblumenöl auf ca. 170 °C erhitzen.

5 Zunächst drei Donuts vom Backpapier nehmen und zum Ausbacken vorsichtig in das erhitzte Öl geben. Sie müssen zwischen einer halben und einer Minute von jeder Seite gegart werden, bis sie goldbraun sind. Die Donuts danach aus dem Topf nehmen, auf Küchenpapier abtropfen und etwas abkühlen lassen.

6 Abschließend den Zucker auf einen Teller geben und die noch warmen Donuts darin von beiden Seiten wälzen.

DONUTS MIT MILCH-KARAMELL-GLASUR

12 Stück

120 Min.

Mittel

Zutaten

120 ml Vollmilch, lauwarm
225 g Weizenmehl, Typ 405
65 g gekühlte, gewürfelte Butter
1,5 TL Trockenhefe
1 Ei
1 Prise Salz
2 EL Zucker
25 g Kakaopulver, ungesüßt
1 Dose gezuckerte Kondensmilch für 150 ml; Dulce de Leche

Außerdem
1 l Sonnenblumenöl
Mehl zum Bestreuen der Arbeitsplatte

Nährwerte

249 kcal
33,2 g Kohlenhydrate
11,7 g Fett
10,4 g Eiweiß

1 Nehmen Sie eine Schüssel und geben Sie das Mehl, den Zucker, die Hefe sowie das Salz hinein. Vermischen Sie die Zutaten mit den Händen und kneten Sie die Butter gut in die Mischung hinein. Fügen Sie die Milch sowie das bereits verquirlte Ei hinzu und vermengen Sie alles, bis ein glatter Teig entstanden ist.

2 Den Teig aus der Schüssel nehmen, auf eine mit etwas Mehl bestreute Fläche legen und etwa zehn Minuten durchkneten. Eine zweite, saubere Schüssel leicht einfetten, den Teig hineingeben und abgedeckt für ca. eine Stunde an einen warmen Ort stellen. Danach sollte der Teig etwa doppelt so groß sein.

3 Anschließend den Teig erneut auf eine leicht mit Mehl bestreute Arbeitsfläche legen und so ausrollen, dass er ca. einen Zentimeter dick ist. Den Donut-Ausstecher zur Hand nehmen und zwölf Ringe ausstechen. Diese auf ein Stück Backpapier legen und abgedeckt erneut etwa eine halbe Stunde an einen warmen Ort stellen.

4 Einen tiefen Topf nehmen und darin das Sonnenblumenöl auf ca. 170 °C erhitzen.

5 Zunächst drei Donuts vom Backpapier nehmen und zum Ausbacken vorsichtig in das erhitzte Öl geben. Sie müssen zwischen einer halben und einer Minute von jeder Seite gegart werden, bis sie goldbraun sind. Die Donuts danach aus dem Topf nehmen, auf Küchenpapier abtropfen und etwas abkühlen lassen.

6 Abschließend die hergestellte Dulce de Leche auf den noch warmen Donuts verteilen.

Hinweis: Zubereitung Dulce de Leche

1. Nehmen Sie einen Topf und legen Sie ein Geschirrtuch hinein (Durch das Tuch wird verhindert, dass die Dose beim Kochen im Topf klappert). Stellen Sie dann die Dose gezuckerte Kondensmilch hinein und füllen Sie den Topf mit Wasser auf, sodass die Dose vollständig bedeckt ist. Legen Sie dann den Topfdeckel darauf.

2. Das Wasser aufkochen lassen und dann bei mittlerer Hitze zwei Stunden köcheln lassen. Achten Sie unbedingt darauf, dass die Dose immer komplett mit Wasser bedeckt ist, da sie sonst platzen kann!

3. Danach den Topf vom Herd herunter nehmen, die Dose jedoch noch so lange im Wasser belassen, bis dieses nur noch lauwarm ist. Die Dose herausnehmen und vollständig auskühlen lassen. Beachten Sie, dass die Dose wirklich komplett abgekühlt ist, da sonst das noch heiße Karamell beim Öffnen eventuell herausspritzen könnte!

Sollten Sie Dulce de Leche öfter verwenden, können Sie auch gleich mehrere Dosen in einem Vorgang herstellen. Sind diese noch ungeöffnet, sind sie jahrelang haltbar. Nach Öffnung müssen sie jedoch inner-halb von ca. vier bis fünf Tagen verbraucht werden.

DONUTS MIT HONIG UND SCHOKOLADE

12 Stück

140 Min.

Leicht

Zutaten

120 ml Vollmilch, lauwarm
225 g Weizenmehl, Typ 550
65 g gekühlte, gewürfelte Butter und 50 g Butter extra
1,5 TL Trockenhefe
1 Ei
1 Prise Salz
1 EL Zucker
100 ml klarer Honig
100 g Zartbitterschokolade, dunkel

Außerdem

1 l Sonnenblumenöl
Mehl zum Bestreuen der Arbeitsplatte

Nährwerte

263 kcal
31 g Kohlenhydrate
14,9 g Fett
4,5 g Eiweiß

1 Nehmen Sie eine Schüssel und geben Sie das Mehl, den Zucker, die Hefe sowie das Salz hinein. Vermischen Sie die Zutaten mit den Händen und kneten Sie die 65 Gramm gekühlte, gewürfelte Butter gut in die Mischung hinein. Fügen Sie die Milch sowie das bereits verquirlte Ei hinzu und vermengen Sie alles, bis ein glatter Teig entstanden ist.

2 Den Teig aus der Schüssel nehmen, auf eine mit etwas Mehl bestreute Fläche legen und etwa zehn Minuten durchkneten. Eine zweite, saubere Schüssel leicht einfetten, den Teig hineingeben und abgedeckt für ca. eine Stunde an einen warmen Ort stellen. Danach sollte der Teig etwa doppelt so groß sein.

3 Anschließend den Teig erneut auf eine leicht mit Mehl bestreute Arbeitsfläche legen und so ausrollen, dass er ca. einen Zentimeter dick ist. Den Donut-Ausstecher zur Hand nehmen und zwölf Ringe ausstechen. Diese auf ein Stück Backpapier legen und abgedeckt erneut etwa eine halbe Stunde an einen warmen Ort stellen.

4 Einen tiefen Topf nehmen und darin das Sonnenblumenöl auf ca. 170 °C erhitzen.

5 Zunächst drei Donuts vom Backpapier nehmen und zum Ausbacken vorsichtig in das erhitzte Öl geben. Sie müssen zwischen einer halben und einer Minute von jeder Seite gegart werden, bis sie goldbraun sind. Die Donuts danach aus dem Topf nehmen, auf Küchenpapier abtropfen und etwas abkühlen lassen.

6 Zur Herstellung der Glasur nehmen Sie einen Topf, der antihaftbeschichtet ist, und erhitzen darin die in kleine Stücke gebrochene Zartbitterschokolade, 50 Gramm Butter sowie den Honig, bis alles vollständig geschmolzen und eine glatte Masse entstanden ist. Den Topf vom Herd nehmen und die Glasur z. B. mit einem TL auf die noch warmen Donuts geben, sodass etwas an den Seiten hinunterläuft.

DONUTS IM SCHOKOMANTEL

12 Stück

140 Min.

Mittel

Zutaten

120 ml Vollmilch, lauwarm
225 g Weizenmehl, Typ 405
65 g gekühlte, gewürfelte Butter und 50 g Butter extra
1,5 TL Trockenhefe
1 Ei
1 Prise Salz
25 g Zucker
25 g Kakaopulver, ungesüßt
100 ml Maissirup
100 g Zartbitterschokolade, dunkel

Außerdem
1 l Sonnenblumenöl
Mehl zum Bestreuen der Arbeitsplatte

Nährwerte

270 kcal
31,5 g Kohlenhydrate
15,4 g Fett
4,6 g Eiweiß

1 Nehmen Sie eine Schüssel und geben Sie das Mehl, den Zucker, die Hefe, das Kakaopulver sowie das Salz hinein. Vermischen Sie die Zutaten mit den Händen und kneten Sie die 65 Gramm gekühlte, gewürfelte Butter gut in die Mischung hinein. Fügen Sie die Milch sowie das Ei hinzu und vermengen Sie alles, bis ein glatter Teig entstanden ist.

2 Den Teig aus der Schüssel nehmen, auf eine mit etwas Mehl bestreute Fläche legen und etwa zehn Minuten durchkneten. Eine zweite, saubere Schüssel leicht einfetten, den Teig hineingeben und abgedeckt für ca. eine Stunde an einen warmen Ort stellen. Danach sollte der Teig etwa doppelt so groß sein.

3 Anschließend den Teig in zwölf möglichst gleich große Stücke schneiden. Diese zu glatten, runden Kugeln formen.

4 Schneiden Sie außerdem aus Backpapier zwölf etwa zehn mal zehn Zentimeter große Stücke aus und legen Sie diese auf ein Backblech. Platzieren Sie nun die Kugeln jeweils auf einem Stück Backpapier, decken Sie sie erneut ab und stellen Sie sie für etwa eine halbe Stunde zum Ruhen an einen warmen Ort.

5 Einen tiefen Topf nehmen und darin das Sonnenblumenöl auf ca. 170 °C erhitzen.

6 Zunächst drei Donuts vom Backpapier nehmen und zum Ausbacken vorsichtig in das erhitzte Öl geben. Sie müssen zwischen einer halben und einer Minute von jeder Seite gegart werden, bis sie goldbraun sind. Die Donuts danach aus dem Topf nehmen, auf Küchenpapier abtropfen und etwas abkühlen lassen.

7 Zur Herstellung der Glasur nehmen Sie einen Topf, der antihaftbeschichtet ist, und erhitzen darin die in kleine Stücke gebrochene Zartbitterschokolade, 50 Gramm Butter sowie den Maissirup, bis alles vollständig geschmolzen und eine glatte Masse entstanden ist. Danach nehmen Sie den Topf vom Herd, füllen die Schokoladenglasur in eine Schüssel, tunken die noch warmen Donuts komplett hinein und lassen sie anschließend trocknen und abkühlen.

DONUTS MIT KOKOSSTREUSELN

12 Stück

120 Min.

Leicht

Zutaten

4 EL Vollmilch
4 EL und extra 120 ml Kokosmilch
225 g Weizenmehl, Typ 550
65 g gekühlte, gewürfelte Butter
1 EL Zucker
300 g Puderzucker
1,5 TL Trockenhefe
1 Prise Salz
1 Ei
Abgeriebene Schale einer unbehandelten Limette
150 g Kokosraspeln, ungesüßt

Außerdem

1 l Sonnenblumenöl
Mehl zum Bestreuen der Arbeitsplatte

Nährwerte

341 kcal
46,8 g Kohlenhydrate
17 g Fett
3,9 g Eiweiß

1 Nehmen Sie eine Schüssel und geben Sie das Mehl, den Zucker, die Hefe sowie das Salz hinein. Vermischen Sie die Zutaten mit den Händen und kneten Sie die Butter gut in die Mischung hinein. Fügen Sie die Milch, vier EL Kokosmilch sowie das vorher verquirlte Ei hinzu und vermengen Sie alles, bis ein glatter Teig entstanden ist.

2 Den Teig aus der Schüssel nehmen, auf eine mit etwas Mehl bestreute Fläche legen und etwa zehn Minuten durchkneten. Eine zweite, saubere Schüssel leicht einfetten, den Teig hineingeben und abgedeckt für ca. eine Stunde an einen warmen Ort stellen. Danach sollte der Teig etwa doppelt so groß sein.

3 Anschließend den Teig in zwölf möglichst gleich große Stücke schneiden und zu kleinen, glatten Kugeln formen.

4 Schneiden Sie nun aus Backpapier 72 etwa zehn mal zehn Zentimeter große Stücke und legen Sie diese auf ein bzw. mehrere Backbleche.

5 Platzieren Sie die hergestellten Kugeln auf jeweils einem Stück Backpapier. Diese abgedeckt erneut für etwa eine halbe Stunde an einen warmen Ort stellen.

6 Einen tiefen Topf nehmen und darin das Sonnenblumenöl auf ca. 170 °C erhitzen.

7 Zunächst maximal drei Donuts vom Backpapier nehmen und zum Ausbacken vorsichtig in das erhitzte Öl geben. Sie müssen zwischen einer halben und einer Minute von jeder Seite gegart werden, bis sie goldbraun sind. Die Donuts danach aus dem Topf nehmen und auf etwas Küchenpapier abtropfen lassen.

8 Für die Herstellung der Glasur nehmen Sie eine kleine Schüssel, füllen die geraspelte Limettenschale, die restlichen 120 Milliliter Kokosmilch sowie den Puderzucker hinein und verrühren alles miteinander, bis eine glatte Paste entstanden ist. Danach die Oberseite der noch warmen Donuts z. B. mit einem Pinsel bestreichen und anschließend mit den Kokosraspeln bestreuen.

DONUTS GEFÜLLT MIT MASCARPONECREME

8 Stück | 140 Min. | Mittel

Zutaten

375 g Weizenmehl, Typ 405
125 g Mascarpone
60 g und extra 5 EL Zucker
40 g Butter, flüssig
150 ml Milch, lauwarm
50 ml Schlagsahne
1 EL Crème fraîche
0,5 TL Zimt
1Paket Vanillezucker
1 Paket Trockenhefe
1 Prise Salz
1 Ei

Außerdem

1 l Pflanzenöl
Mehl zum Bestreuen der Arbeitsplatte

Nährwerte

341 kcal
46,8 g Kohlenhydrate
17 g Fett
7,4 g Eiweiß

1 Zu Beginn füllen Sie die Schlagsahne, die Mascarpone, die Crème fraîche sowie einen EL Zucker in eine Schüssel und vermischen alles sorgfältig, bis eine glatte, cremige Masse entstanden ist. Stellen Sie die Schüssel dann in den Kühlschrank.

2 Streuen Sie vier EL Zucker sowie den Zimt auf einen Teller und vermengen Sie beides.

3 Nehmen Sie eine Schüssel und geben Sie das Mehl hinein. Formen Sie dann in der Mitte eine kleine Mulde, geben Sie dort die Hefe sowie etwas lauwarmes Wasser und einen EL Zucker hinein. Decken Sie dann die Schüssel ab und lassen Sie den Teig etwa zehn Minuten ruhen.

4 Füllen Sie danach das Salz, die Butter, den Vanillezucker, das bereits vorher aufgeschlagene Ei, die Milch sowie den restlichen Zucker ebenfalls in die Schüssel und vermischen Sie alles, bis eine glatte, cremige Masse entstanden ist. Decken Sie danach die Schüssel erneut ab, stellen Sie sie an einen warmen Ort und lassen Sie den Teig erneut etwa eine Stunde gehen.

5 Den Teig aus der Schüssel nehmen, auf eine mit etwas Mehl bestreute Fläche legen und etwa zehn Minuten durchkneten. Stechen Sie mit einem Donut-Ausstecher acht Kreise mit einem Durchmesser von neun Zentimetern aus und danach aus diesen jeweils aus der Mitte einen Kreis von drei Zentimetern. Schneiden Sie nun aus Backpapier acht etwa zehn mal zehn Zentimeter große Stücke und legen Sie diese auf ein bzw. mehrere Backbleche. Platzieren Sie darauf jeweils einen ausgestochenen Teigkreis und lassen Sie alles ca. eine Stunde lang ruhen. Erhitzen Sie dann das Pflanzenöl in einem Topf oder einer Fritteuse auf 190 °C. Danach zunächst jeweils zwei Donuts vom Backpapier nehmen und zum Ausbacken vorsichtig in das erhitzte Öl geben. Die Donuts müssen insgesamt etwa drei Minuten ausgebacken werden. Danach diese aus dem Topf bzw. der Fritteuse nehmen, auf Küchenpapier abtropfen und etwas abkühlen lassen.

6 Wälzen Sie die noch warmen Donuts in der Zimt-Zucker-Mischung. In jeden Donut vier Löcher für die Füllung stechen, z. B. mit dem Stiel eines TLs. Dann nehmen Sie die hergestellte Creme aus dem Kühlschrank, geben sie in einen Spritzbeutel und füllen sie gleichmäßig in die einzelnen Donuts.

ERDNUSSBUTTER-DONUTS

8 Stück

180 Min.

Mittel

Zutaten

375 g Weizenmehl, Typ 405
100 g Puderzucker
60 g Zucker
40 g Butter, flüssig
150 ml Milch, lauwarm
8 EL Erdnussbutter
4 EL frisch gepressten Orangensaft
1 EL Bananensirup
1 Pakete Vanillezucker
1 Paket Trockenhefe
1 Prise Salz
1 Ei

Außerdem

1 l Sonnenblumenöl
Mehl zum Bestreuen der Arbeitsplatte

Nährwerte

153 kcal
19,1 g Kohlenhydrate
8,2 g Fett
7,1 g Eiweiß

1 Zu Beginn füllen Sie drei EL Orangensaft sowie die Erdnussbutter in eine Schüssel und vermischen alles sorgfältig zu einer Creme.

2 Nehmen Sie eine Schüssel und geben Sie das Mehl hinein. Formen Sie dann in der Mitte eine kleine Mulde, geben Sie dort die Hefe sowie etwas lauwarmes Wasser und einen EL Zucker hinein. Decken Sie dann die Schüssel ab und lassen Sie den Teig etwa zehn Minuten ruhen.

3 Füllen Sie danach das Salz, die Butter, den Vanillezucker, das bereits vorher aufgeschlagene Ei, die Milch sowie den restlichen Zucker ebenfalls in die Schüssel und vermischen Sie alles, bis eine glatte, cremige Masse entstanden ist. Decken Sie danach die Schüssel erneut ab, stellen Sie sie an einen warmen Ort und lassen Sie den Teig erneut etwa eine Stunde gehen. Den Teig aus der Schüssel nehmen, auf eine mit etwas Mehl bestreute Fläche legen und etwa zehn Minuten durchkneten. Stechen Sie mit einem Donut-Ausstecher acht Kreise mit einem Durchmesser von neun Zentimetern aus und danach aus diesen jeweils aus der Mitte einen Kreis von drei Zentimetern.

4 Schneiden Sie nun aus Backpapier acht etwa zehn mal zehn Zentimeter große Stücke und legen Sie diese auf ein bzw. mehrere Backbleche. Platzieren Sie darauf jeweils einen ausgestochenen Teigkreis und lassen Sie alles ca. eine Stunde lang ruhen.

5 Erhitzen Sie dann das Pflanzenöl in einem Topf oder einer Fritteuse auf 190 °C. Danach zunächst jeweils zwei Donuts vom Backpapier nehmen und zum Ausbacken vorsichtig in das erhitzte Öl geben. Die Donuts müssen insgesamt etwa drei Minuten ausgebacken werden. Danach diese aus dem Topf bzw. der Fritteuse nehmen, auf Küchenpapier abtropfen und etwas abkühlen lassen.

6 In jeden Donut ein Loch in die vier Seiten für die Füllung stechen, z. B. mit dem Stiel eines TLs. Dann nehmen Sie die hergestellte Creme, geben sie in einen Spritzbeutel und füllen sie gleichmäßig in die einzelnen Donuts.

7 Für die Glasur nehmen Sie eine kleine Schüssel und vermischen darin den Puderzucker mit dem Bananensirup, bis eine glatte Masse entstanden ist. Bestreichen Sie abschließend die Oberseite der Donuts mit der fertigen Glasur.

DONUTS MIT WALNUSSCREMEFÜLLUNG

8 Stück

180 Min.

Mittel

Zutaten

375 g Weizenmehl, Typ 405
300 g Walnusskerne
100 g Puderzucker
60 g Zucker
40 g Butter, flüssig
150 ml Milch, lauwarm
6 EL Schlagsahne
3 EL Ahornsirup
1 Paket Vanillezucker
1 Paket Trockenhefe
1 Prise Salz
1 Ei

Außerdem

1 l Sonnenblumenöl
Mehl zum Bestreuen der Arbeitsplatte

Nährwerte

612 kcal
62,9 g Kohlenhydrate
33,4 g Fett
13,1 g Eiweiß

1 Zu Beginn suchen Sie aus den Walnusskernen für jeden Donut einen als Garnitur aus. Geben Sie die restlichen Walnusskerne sowie fünf EL Schlagsahne in eine Schüssel und pürieren Sie alles sorgfältig. Nehmen Sie dann eine weitere Schüssel und füllen Sie zunächst das Mehl hinein. Formen Sie dann in der Mitte eine kleine Mulde, geben Sie dort die Hefe sowie etwas lauwarmes Wasser und einen EL Zucker hinein. Decken Sie dann die Schüssel ab und lassen Sie den Teig etwa zehn Minuten ruhen.

2 Füllen Sie danach das Salz, die Butter, den Vanillezucker, das bereits vorher aufgeschlagene Ei, die Milch sowie den restlichen Zucker ebenfalls in die Schüssel und vermischen Sie alles, bis eine glatte, cremige Masse entstanden ist. Decken Sie danach die Schüssel erneut ab, stellen Sie sie an einen warmen Ort und lassen Sie den Teig erneut etwa eine Stunde gehen. Den Teig aus der Schüssel nehmen, auf eine mit etwas Mehl bestreute Fläche legen und etwa zehn Minuten durchkneten. Stechen Sie mit einem Donut-Ausstecher acht Kreise mit einem Durchmesser von neun Zentimetern aus und danach aus diesen jeweils aus der Mitte einen Kreis von drei Zentimetern. Schneiden Sie nun aus Backpapier acht etwa zehn mal zehn Zentimeter große Stücke und legen Sie diese auf ein bzw. mehrere Backbleche. Platzieren Sie darauf jeweils einen ausgestochenen Teigkreis und lassen Sie alles ca. eine Stunde lang ruhen.

3 Erhitzen Sie dann das Pflanzenöl in einem Topf oder einer Fritteuse auf 190 °C. Danach zunächst jeweils zwei Donuts vom Backpapier nehmen und zum Ausbacken vorsichtig in das erhitzte Öl geben. Die Donuts müssen insgesamt etwa drei Minuten ausgebacken werden. Danach diese aus dem Topf bzw. der Fritteuse nehmen, auf Küchenpapier abtropfen und etwas abkühlen lassen. In jeden Donut ein Loch in die vier Seiten für die Füllung stechen, z. B. mit dem Stiel eines TLs. Dann nehmen Sie die hergestellte Walnusscreme, geben sie in einen Spritzbeutel und füllen sie gleichmäßig in die einzelnen Donuts.

4 Für die Glasur nehmen Sie eine kleine Schüssel und vermischen darin den Puderzucker mit dem Ahornsirup und einem EL Schlagsahne, bis eine glatte, cremige Masse entstanden ist. Bestreichen Sie abschließend die Oberseite der Donuts mit der fertigen Glasur und legen Sie jeweils einen Walnusskern auf jeden Donut.

DONUTS MIT PISTAZIENSTREUSELN

8 Stück

180 Min.

Mittel

Zutaten

375 g Weizenmehl, Typ 405
100 g Puderzucker
60 g Zucker
40 g Butter, flüssig
150 ml Milch, lauwarm
6 EL Pistazienkerne
4 EL Pinienkerne
2 EL frisch gepresster Mandarinensaft
2 EL Schlagsahne
1 EL Honig, flüssig
1 Paket Vanillezucker
1 Paket Trockenhefe
1 Prise Salz
1 Ei

Außerdem
1 l Sonnenblumenöl
Mehl zum Bestreuen der Arbeitsplatte

Nährwerte

329 kcal
37,7 g Kohlenhydrate
18,4 g Fett
6,9 g Eiweiß

1 Zu Beginn zerkleinern Sie zwei EL Pistazienkerne. Geben Sie die Pinien- sowie die restlichen Pistazienkerne, die Schlagsahne und den flüssigen Honig in eine Schüssel und pürieren Sie alles sorgfältig.

2 Nehmen Sie dann eine weitere Schüssel und füllen Sie zunächst das Mehl hinein. Formen Sie dann in der Mitte eine kleine Mulde, geben Sie dort die Hefe sowie etwas lauwarmes Wasser und einen EL Zucker hinein. Decken Sie dann di Schüssel ab und lassen Sie den Teig etwa zehn Minuten ruhen. Füllen Sie danach das Salz, die Butter, den Vanillezucker das bereits vorher aufgeschlagene Ei, die Milch sowie den restlichen Zucker ebenfalls in die Schüssel und vermischen Sie alles, bis eine glatte, cremige Masse entstanden ist. Decken Sie danach die Schüssel erneut ab, stellen Sie sie an einen warmen Ort und lassen Sie den Teig erneut etwa eine Stunde gehen. Den Teig aus der Schüssel nehmen, auf eine mit etwas Mehl bestreute Fläche legen und etwa zehn Minuten durchkneten. Stechen Sie mit einem Donut-Ausstecher acht Kreise mit einem Durchmesser von neun Zentimetern aus und danach aus diesen jeweils aus der Mitte einen Kreis von drei Zentimetern.

3 Schneiden Sie nun aus Backpapier acht etwa zehn mal zehn Zentimeter große Stücke und legen Sie diese auf ein bzw. mehrere Backbleche. Platzieren Sie darauf jeweils einen ausgestochenen Teigkreis und lassen Sie alles ca. eine Stund lang ruhen.

4 Erhitzen Sie dann das Pflanzenöl in einem Topf oder eine Fritteuse auf 190 °C. Danach zunächst jeweils zwei Donuts vom Backpapier nehmen und zum Ausbacken vorsichtig in das erhitzte Öl geben. Die Donuts müssen insgesamt etwa drei Minuten ausgebacken werden. Danach werden sie aus dem Topf bzw. der Fritteuse genommen und zum Abtropfen auf ein Stück Küchenpapier gelegt, bis sie etwas abgekühlt sind. In jeden Donut ein Loch in die vier Seiten für die Füllung stechen, z. B. mit dem Stiel eines TLs. Dann nehmen Sie die hergestellte Nusscreme, geben sie in einen Spritzbeutel und füllen sie gleichmäßig in die einzelnen Donuts.

5 Für die Glasur nehmen Sie eine kleine Schüssel und vermischen darin den Puderzucker mit dem Mandarinensaft, bis eine glatte, cremige Masse entstanden ist. Bestreichen Sie abschließend die Oberseite der Donuts mit der fertigen Glasur und streuen Sie dann noch einige der zu Beginn zerkleinerten Pistazienkerne darüber.

DONUTS MIT MANGOFÜLLUNG UND LIMETTENTOPPING

8
Stück

185
Min.

Mittel

Zutaten

375 g Weizenmehl, Typ 405
100 g Puderzucker
60 g Zucker
40 g Butter, flüssig
40 g Ingwer, gehackt und kandiert
150 ml Milch, lauwarm
3 EL frisch gepresster Limettensaft
2 EL Zesten einer Limette
1 TL Limettenabrieb
1 Paket Vanillezucker
1 Paket Trockenhefe
1 Prise Salz
1 Scheibe Ingwer, frisch
1 Ei
1 Mango, reif

Außerdem
1 l Sonnenblumenöl
Mehl zum Bestreuen der Arbeitsplatte

Nährwerte

333,6 kcal
61,8 g Kohlenhydrate
6,2 g Fett
6,6 g Eiweiß

1 Zu Beginn schälen Sie die Mango, lösen den Kern heraus und schneiden das Fruchtfleisch in kleine Würfel. Schälen Sie auch den Ingwer und hacken Sie ihn klein. Geben Sie diesen nun gemeinsam mit den Mangowürfeln und einem EL Limettensaft in eine Rührschüssel und pürieren Sie alles sorgfältig. Nehmen Sie dann eine weitere Schüssel und füllen Sie zunächst das Mehl hinein. Formen Sie dann in der Mitte eine kleine Mulde, geben Sie dort die Hefe sowie etwas lauwarmes Wasser und einen EL Zucker hinein. Decken Sie dann die Schüssel ab und lassen Sie den Teig etwa zehn Minuten ruhen.

2 Füllen Sie danach das Salz, die Butter, den Vanillezucker, das bereits vorher aufgeschlagene Ei, die Milch sowie den restlichen Zucker ebenfalls in die Schüssel und vermischen Sie alles, bis eine glatte, cremige Masse entstanden ist. Decken Sie danach die Schüssel erneut ab, stellen Sie sie an einen warmen Ort und lassen Sie den Teig erneut etwa eine Stunde gehen.Den Teig aus der Schüssel nehmen, auf eine mit etwas Mehl bestreute Fläche legen und etwa zehn Minuten durchkneten. Stechen Sie mit einem Donut-Ausstecher acht Kreise mit einem Durchmesser von neun Zentimetern aus und danach aus diesen jeweils aus der Mitte einen Kreis von drei Zentimetern. Schneiden Sie nun aus Backpapier acht etwa zehn mal zehn Zentimeter große Stücke und legen Sie diese auf ein bzw. mehrere Backbleche. Platzieren Sie darauf jeweils einen ausgestochenen Teigkreis und lassen Sie alles ca. eine Stunde lang ruhen.

3 Erhitzen Sie dann das Pflanzenöl in einem Topf oder einer Fritteuse auf 190 °C. Danach zunächst jeweils zwei Donuts vom Backpapier nehmen und zum Ausbacken vorsichtig in das erhitzte Öl geben. Die Donuts müssen insgesamt etwa drei Minuten ausgebacken werden. Danach werden sie aus dem Topf bzw. der Fritteuse genommen und zum Abtropfen auf ein Stück Küchenpapier gelegt, bis sie etwas abgekühlt sind. In jeden Donut ein Loch in die vier Seiten für die Füllung stechen, z. B. mit dem Stiel eines TLs. Dann nehmen Sie die hergestellte Mangomischung, geben sie in einen Spritzbeutel und füllen sie gleichmäßig in die einzelnen Donuts.

4 Für die Glasur nehmen Sie eine kleine Schüssel und vermischen darin den Puderzucker mit dem restlichen Limettensaft sowie dem -abrieb, bis eine glatte, cremige Masse entstanden ist. Bestreichen Sie abschließend die Oberseite der Donuts mit der fertigen Glasur und streuen Sie abschließend jeweils etwas fein gehackten, kandierten Ingwer darüber.

DONUTS MIT HONIG UND SESAM

8 Stück | 160 Min. | Mittel

Zutaten

375 g Weizenmehl, Typ 405
100 g Puderzucker
60 g Zucker
40 g Butter, flüssig
150 ml Milch, lauwarm
12 EL Honig, flüssig
4 EL Sesamsamen
2 EL frisch gepresster Zitronensaft
1 TL Zitronenschalenabrieb
1 Paket Vanillezucker
1 Paket Trockenhefe
1 Prise Salz
1 Ei

Außerdem
1 l Sonnenblumenöl
Mehl zum Bestreuen der Arbeitsplatte

Nährwerte

409,1 kcal
78 g Kohlenhydrate
7,3 g Fett
6,9 g Eiweiß

1 Zu Beginn nehmen Sie eine unbeschichtete Pfanne und rösten darin ohne Fett den Sesam. Nehmen Sie dann eine weitere Schüssel und füllen Sie zunächst das Mehl hinein. Formen Sie dann in der Mitte eine kleine Mulde, geben Sie dort die Hefe sowie etwas lauwarmes Wasser und einen EL Zucker hinein. Decken Sie dann die Schüssel ab und lassen Sie den Teig etwa zehn Minuten ruhen.

2 Füllen Sie danach das Salz, die Butter, den Vanillezucker, das bereits vorher aufgeschlagene Ei, die Milch sowie den restlichen Zucker ebenfalls in die Schüssel und vermischen Sie alles, bis eine glatte, cremige Masse entstanden ist. Decken Sie danach die Schüssel erneut ab, stellen Sie sie an einen warmen Ort und lassen Sie den Teig erneut etwa eine Stunde gehen. Den Teig aus der Schüssel nehmen, auf eine mit etwas Mehl bestreute Fläche legen und etwa zehn Minuten durchkneten. Stechen Sie mit einem Donut-Ausstecher acht Kreise mit einem Durchmesser von neun Zentimetern aus und danach aus diesen jeweils aus der Mitte einen Kreis von drei Zentimetern.

3 Schneiden Sie nun aus Backpapier acht etwa zehn mal zehn Zentimeter große Stücke und legen Sie diese auf ein bzw. mehrere Backbleche. Platzieren Sie darauf jeweils einen ausgestochenen Teigkreis und lassen Sie alles ca. eine Stunde lang ruhen.

4 Erhitzen Sie dann das Pflanzenöl in einem Topf oder einer Fritteuse auf 190 °C. Danach zunächst jeweils zwei Donuts vom Backpapier nehmen und zum Ausbacken vorsichtig in das erhitzte Öl geben.

5 Die Donuts müssen insgesamt etwa drei Minuten ausgebacken werden. Danach werden sie aus dem Topf bzw. der Fritteuse genommen und zum Abtropfen auf ein Stück Küchenpapier gelegt, bis sie etwas abgekühlt sind. In jeden Donut ein Loch in die vier Seiten für die Füllung stechen, z. B. mit dem Stiel eines TLs. Dann nehmen Sie den flüssigen Honig, geben ihn in einen Spritzbeutel und füllen ihn gleichmäßig in die einzelnen Donuts.

6 Für die Glasur nehmen Sie eine kleine Schüssel und vermischen darin den Puderzucker mit dem Zitronensaft sowie dem –abrieb, bis eine glatte, cremige Masse entstanden ist. Bestreichen Sie abschließend die Oberseite der Donuts mit der fertigen Glasur und streuen Sie dann jeweils etwas gerösteten Sesam darüber.

DONUTS MIT AMARETTO-HIMBEER-FÜLLUNG

8 Stück

200 Min.

Mittel

Zutaten

375 g Weizenmehl, Typ 405
100 g Puderzucker
80 g Mini-Amarettini
60 g Zucker
40 g Butter, flüssig
150 ml Milch, lauwarm
8 EL Himbeermarmelade
2 EL frisch gepresster Orangensaft
2 EL Amaretto
1 Paket Vanillezucker
1 Paket Trockenhefe
1 Prise Salz
1 Ei

Außerdem

1 l Sonnenblumenöl
Mehl zum Bestreuen der Arbeitsplatte

Nährwerte

387,7 kcal
73,3 g Kohlenhydrate
6,9 g Fett
7,2 g Eiweiß

1 Nehmen Sie eine Schüssel und geben Sie das Mehl hinein. Formen Sie dann in der Mitte eine kleine Mulde, geben Sie dort die Hefe sowie etwas lauwarmes Wasser und einen EL Zucker hinein. Decken Sie dann die Schüssel ab und lassen Sie den Teig etwa zehn Minuten ruhen.

2 Füllen Sie danach das Salz, die Butter, den Vanillezucker, das bereits vorher aufgeschlagene Ei, die Milch sowie den restlichen Zucker ebenfalls in die Schüssel und vermischen Sie alles, bis eine glatte, cremige Masse entstanden ist. Decken Sie danach die Schüssel erneut ab, stellen Sie sie an einen warmen Ort und lassen Sie den Teig erneut etwa eine Stunde gehen. Den Teig aus der Schüssel nehmen, auf eine mit etwas Mehl bestreute Fläche legen und etwa zehn Minuten durchkneten. Stechen Sie mit einem Donut-Ausstecher acht Kreise mit einem Durchmesser von neun Zentimetern aus und danach aus diesen jeweils aus der Mitte einen Kreis von drei Zentimetern. Schneiden Sie nun aus Backpapier acht etwa zehn mal zehn Zentimeter große Stücke und legen Sie diese auf ein bzw. mehrere Backbleche. Platzieren Sie darauf jeweils einen ausgestochenen Teigkreis und lassen Sie alles ca. eine Stunde lang ruhen.

3 Erhitzen Sie dann das Pflanzenöl in einem Topf oder einer Fritteuse auf 190 °C. Danach zunächst jeweils zwei Donuts vom Backpapier nehmen und zum Ausbacken vorsichtig in das erhitzte Öl geben. Die Donuts müssen insgesamt etwa drei Minuten ausgebacken werden. Danach werden sie aus dem Topf bzw. der Fritteuse genommen und zum Abtropfen auf ein Stück Küchenpapier gelegt, bis sie etwas abgekühlt sind.

4 Mischen Sie einen EL Amaretto mit der Himbeermarmelade sowie einem EL Orangensaft und verrühren Sie alles, bis eine cremige Mischung entstanden ist. In jeden Donut ein Loch in die vier Seiten für die Füllung stechen, z. B. mit dem Stiel eines TLs. Dann nehmen Sie die hergestellte Creme, geben sie in einen Spritzbeutel und füllen sie gleichmäßig in die einzelnen Donuts.

5 Für die Glasur nehmen Sie eine kleine Schüssel und vermischen darin den restlichen Amaretto mit dem Puderzucker sowie dem übrigen Orangensaft, bis eine glatte Masse entstanden ist. Die Mini-Amarettini füllen Sie zunächst in einen kleinen Plastikbeutel und zerdrücken sie darin mit dem Handballen. Bestreichen Sie abschließend die Oberseite der Donuts mit der fertigen Glasur und bestreuen Sie dann jedes Gebäckstück mit einigen Bröseln der zerkleinerten Mini-Amarettini.

Donuts aus dem Backofen

GEZUCKERTE DONUTS

12 Stück

60 Min.

Leicht

Zutaten

150 ml Vollmilch, lauwarm
275 g Weizenmehl, Typ 405
100 g Butter, weich
1 TL Vanilleextrakt
1 EL Backpulver
2 Eier
1 Prise Salz
150 g Zucker

Außerdem
Etwas weiche Butter für das Einfetten
120 g Zucker zum Bestreuen

Nährwerte

210,3 kcal
29,7 g Kohlenhydrate
8,4 g Fett
3,5 g Eiweiß

1 Zunächst stellen Sie zum Vorheizen Ihren Backofen auf 180 °C ein. Danach fetten Sie eine Donut-Backform für zwölf Donuts gut ein.

2 Nehmen Sie eine Schüssel und geben Sie den Zucker, die Butter sowie das Vanilleextrakt hinein. Alles gut vermengen, bis eine cremige Masse entsteht. Dabei nacheinander die zwei Eier mit unterrühren.

3 Anschließend das Backpulver, das Salz sowie das Mehl hinzugeben und die Masse erneut gut verrühren. Danach die Milch hinzufügen und alles vermengen.

4 Einen Spritzbeutel zur Hand nehmen, den Teig hineinfüllen und damit in die zwölf runden Vertiefungen der Backform spritzen. Sie können zum Hineingeben jedoch auch einen TL verwenden.

5 Die Backform in den Ofen auf die mittlere Schiene schieben. Die Backzeit beträgt ca. eine Viertelstunde. Die Donuts sollten dann goldbraun sein. Nehmen Sie die Form aus dem Backofen, warten Sie jedoch noch etwa fünf Minuten, bis Sie die Donuts aus den Mulden herausnehmen.

6 Abschließend den Zucker auf einen Teller geben und die noch warmen Donuts darin von beiden Seiten wälzen.

KAFFEE-DONUTS

12 Stück

60 Min.

Leicht

Zutaten

150 ml Vollmilch, lauwarm
275 g Weizenmehl, Typ 405
100 g Butter, weich
1 TL Vanilleextrakt
2 TL Backpulver
2 Eier
1 Prise Salz
150 g Zucker
300 g Puderzucker
1 EL und extra 2 TL Kaffee, löslich
50 ml Wasser

Außerdem
Etwas weiche Butter für das Einfetten

Nährwerte

311,7 kcal
55 g Kohlenhydrate
8,5 g Fett
3,5 g Eiweiß

1 Zunächst stellen Sie zum Vorheizen Ihren Backofen auf 180 °C ein. Danach fetten Sie eine Donut-Backform für zwölf Donuts gut ein.

2 Nehmen Sie eine Schüssel und geben Sie den Zucker, die Butter sowie das Vanilleextrakt hinein. Alles gut vermengen, bis eine cremige Masse entsteht. Dabei nacheinander die zwei Eier mit unterrühren.

3 Anschließend das Backpulver, das Salz, einen EL löslichen Kaffee sowie das Mehl hinzugeben und die Masse erneut gut verrühren. Danach die Milch hinzufügen und alles vermengen.

4 Einen Spritzbeutel zur Hand nehmen, den Teig hineinfüllen und damit in die zwölf runden Vertiefungen der Backform spritzen. Sie können zum Hineingeben jedoch auch einen TL verwenden.

5 Die Backform in den Ofen auf die mittlere Schiene schieben. Die Backzeit beträgt ca. eine Viertelstunde. Die Donuts sollten dann goldbraun sein. Nehmen Sie die Form aus dem Backofen, warten Sie jedoch noch etwa fünf Minuten, bis Sie die Donuts aus den Mulden herausnehmen.

6 Abschließend in einer kleinen Schüssel das Wasser mit dem Puderzucker sowie dem restlichen löslichen Kaffee verrühren, bis eine Glasur entsteht. Diese z. B. mit einem TL auf die noch warmen Donuts geben und danach trocknen lassen.

MIT TOFFEE GLASIERTE DONUTS

12 Stück

60 Min.

Leicht

Zutaten

150 ml Vollmilch, lauwarm
275 g Weizenmehl, Typ 405
100 g Butter, weich
1 TL Vanilleextrakt
2 TL Backpulver
2 Eier
1 Prise Salz
250 g Zucker
1 EL Maissirup
50 ml Wasser

Außerdem

Etwas weiche Butter für das Einfetten

Nährwerte

245,1 kcal
38,4 g Kohlenhydrate
8,4 g Fett
3,5 g Eiweiß

1 Zunächst stellen Sie zum Vorheizen Ihren Backofen auf 180 °C ein. Danach fetten Sie eine Donut-Backform für zwölf Donuts gut ein.

2 Nehmen Sie eine Schüssel und geben Sie den Zucker, die Butter sowie das Vanilleextrakt hinein. Alles gut vermengen, bis eine cremige Masse entsteht. Dabei nacheinander die zwei Eier mit unterrühren.

3 Anschließend das Backpulver, das Salz sowie das Mehl hinzugeben und die Masse erneut gut verrühren. Danach die Milch hinzufügen und alles mit einem Spatel vermengen.

4 Einen Spritzbeutel zur Hand nehmen, den Teig hineinfüllen und damit in die zwölf runden Vertiefungen der Backform spritzen. Sie können zum Hineingeben jedoch auch einen TL verwenden.

5 Die Backform in den Ofen auf die mittlere Schiene schieben. Die Backzeit beträgt ca. eine Viertelstunde. Die Donuts sollten dann goldbraun sein. Nehmen Sie die Form aus dem Backofen, warten Sie jedoch noch etwa fünf Minuten, bis Sie die Donuts aus den Mulden herausnehmen.

6 Abschließend in einem kleinen Topf das Wasser mit dem restlichen Zucker erhitzen, bis der Zucker vollständig aufgelöst ist. Den Maissirup hinzufügen, alles vermengen, aufkochen lassen und etwa fünf Minuten unter ständigem Rühren bei mittlerer Hitze kochen. Die Glasur sollte sich dann, wenn sie etwas davon entnehmen und in kaltes Wasser tunken, verhärten. Den Topf vom Herd nehmen und die Glasur z. B. mit einem TL auf die noch warmen Donuts geben und danach trocknen lassen.

MARMORKUCHEN-DONUTS

12 Stück

60 Min.

Leicht

Zutaten

150 ml und
extra 1 EL Vollmilch
275 g Weizenmehl, Typ 405
100 g Butter, weich
1 TL Vanilleextrakt
2 TL Backpulver
2 Eier
1 Prise Salz
150 g Zucker
25 g Kakaopulver, ungesüßt
100 ml Crème double
100 g Zartbitterschokolade, dunkel
2 EL Zuckersirup, hell

Außerdem
Etwas weiche Butter für das Einfetten

Nährwerte

299,3 kcal
35,4 g Kohlenhydrate
14,9 g Fett
4,9 g Eiweiß

1 Zunächst stellen Sie zum Vorheizen Ihren Backofen auf 180 °C ein. Danach fetten Sie eine Donut-Backform für zwölf Donuts gut ein.

2 Nehmen Sie eine Schüssel und geben Sie den Zucker, die Butter sowie das Vanilleextrakt hinein. Alles gut vermengen, bis eine cremige Masse entsteht. Dabei nacheinander die zwei Eier mit unterrühren.

3 Anschließend das Backpulver, das Salz sowie das Mehl hinzugeben und die Masse erneut gut verrühren. Danach 150 Milliliter Milch hinzufügen und alles vermengen. Den Teig in zwei Hälften teilen und einen Teil in eine zweite Schüssel legen. Zu diesem das in einem EL Milch aufgelöste Kakaopulver hinzugeben und mit dem Teig gut vermengen.

4 Verteilen Sie beide Teigteile gleichmäßig in den Mulden der Donut-Backform und vermischen Sie beide mit einer Gabel leicht ineinander, sodass ein Mamorierungsmuster entsteht.

5 Die Backform in den Ofen auf die mittlere Schiene schieben. Die Backzeit beträgt ca. eine Viertelstunde. Die Donuts sollten dann goldbraun sein. Nehmen Sie die Form aus dem Backofen, warten Sie jedoch noch etwa fünf Minuten, bis Sie die Donuts aus den Mulden herausnehmen.

6 Abschließend nehmen Sie einen Topf, der antihaftbeschichtet ist, und erhitzen darin die in kleine Stücke gebrochene Zartbitterschokolade, den Zuckersirup sowie die Crème double, bis die Schokolade vollständig geschmolzen und eine glatte Masse entstanden ist. Den Topf vom Herd nehmen und die Glasur z. B. mit einem TL auf die noch warmen Donuts geben und danach trocknen lassen.

DONUTS MIT BANANENGESCHMACK

12 Stück

45 Min.

Leicht

Zutaten

150 ml Vollmilch
275 g Weizenmehl, Typ 405
100 g Butter, weich
1 TL Vanilleextrakt
2 TL Backpulver
2 Eier
1 Prise Salz
150 g Zucker
3 reife Bananen

Außerdem
Etwas weiche Butter für das Einfetten
Puderzucker

Nährwerte

230,3 kcal
34,1 g Kohlenhydrate
8,5 g Fett
3,7 g Eiweiß

1 Zunächst stellen Sie zum Vorheizen Ihren Backofen auf 180 °C ein. Danach fetten Sie eine Donut-Backform für zwölf Donuts gut ein.

2 Nehmen Sie eine Schüssel und geben Sie den Zucker, die Butter sowie das Vanilleextrakt hinein. Alles gut vermengen, bis eine cremige Masse entsteht. Dabei nacheinander die zwei Eier mit unterrühren.

3 Anschließend das Backpulver, das Salz sowie das Mehl hinzugeben und die Masse erneut gut verrühren. Danach die Milch hinzufügen und alles mit einem Spatel vermengen.

4 Die geschälten Bananen auf einem Teller mit einer Gabel zerdrücken, zum Teig geben und alles gut vermischen.

5 Einen Spritzbeutel zur Hand nehmen, den Teig hineinfüllen und damit in die zwölf runden Vertiefungen der Backform spritzen. Sie können zum Hineingeben jedoch auch einen TL verwenden.

6 Die Backform in den Ofen auf die mittlere Schiene schieben. Die Backzeit beträgt ca. eine Viertelstunde. Die Donuts sollten dann goldbraun sein. Nehmen Sie die Form aus dem Backofen, warten Sie jedoch noch etwa fünf Minuten, bis Sie die Donuts aus den Mulden herausnehmen.

7 Abschließend die noch warmen Donuts gleichmäßig mit Puderzucker bestreuen.

DONUTS MIT KÜRBIS

12 Stück

50 Min.

Leicht

Zutaten

100 ml Vollmilch
300 g Weizenmehl, Typ 405
100 g Butter, weich
1 TL Vanilleextrakt
2 TL Backpulver
2 Eier
1 Prise Salz
15 g Zucker
65 g Puderzucker
1 Prise Muskatnuss, gemahlen
¼ TL Zimt, gemahlen
100 g Kürbispüree, frisch oder aus der Dose

Außerdem

Etwas weiche Butter für das Einfetten

Nährwerte

194 kcal
25,6 g Kohlenhydrate
8,3 g Fett
3,7 g Eiweiß

1 Zunächst stellen Sie zum Vorheizen Ihren Backofen auf 180 °C ein. Danach fetten Sie eine Donut-Backform für zwölf Donuts gut ein.

2 Nehmen Sie eine Schüssel und geben Sie den Zucker, die Butter sowie das Vanilleextrakt hinein. Alles gut vermengen, bis eine cremige Masse entsteht. Dabei nacheinander die zwei Eier mit unterrühren.

3 Anschließend das Backpulver, das Salz sowie das Mehl hinzugeben und die Masse erneut gut verrühren. Danach die Milch hinzufügen und alles mit einem Spatel vermengen. Das Kürbispüree ebenfalls zum Teig geben und einarbeiten.

4 Einen Spritzbeutel zur Hand nehmen, den Teig hineinfüllen und damit in die zwölf runden Vertiefungen der Backform spritzen. Sie können zum Hineingeben jedoch auch einen TL verwenden.

5 Die Backform in den Ofen auf die mittlere Schiene schieben. Die Backzeit beträgt ca. eine Viertelstunde. Die Donuts sollten dann goldbraun sein. Nehmen Sie die Form aus dem Backofen, warten Sie jedoch noch etwa fünf Minuten, bis Sie die Donuts aus den Mulden herausnehmen.

6 Abschließend in einer kleinen Schüssel den Puderzucker, die Muskatnuss und den Zimt gut mischen. Die noch warmen Donuts dann damit bestreuen.

DONUTS MIT FRISCHKÄSEGLASUR

12 Stück

50 Min.

Leicht

Zutaten

100 ml Vollmilch
100 ml Buttermilch
50 g Frischkäse
275 g Weizenmehl, Typ 405
100 g Butter, weich
1 TL Vanilleextrakt
2 TL Backpulver
2 Eier
1 Prise Salz
150 g Zucker
150 g Puderzucker
1,5 TL Lebensmittelfarbe, rot
50 g Kakaopulver, ungesüßt

Außerdem

Etwas weiche Butter für das Einfetten

Nährwerte

284,7 kcal
43,1 g Kohlenhydrate
9,8 g Fett
5 g Eiweiß

1 Zunächst stellen Sie zum Vorheizen Ihren Backofen auf 180 °C ein. Danach fetten Sie eine Donut-Backform für zwölf Donuts gut ein.

2 Nehmen Sie eine Schüssel und geben Sie den Zucker, die Butter sowie das Vanilleextrakt hinein. Alles gut vermengen, bis eine cremige Masse entsteht. Dabei nacheinander die zwei Eier mit unterrühren.

3 Anschließend das Backpulver, das Salz sowie das Mehl hinzugeben und die Masse erneut gut verrühren. Danach die Milch sowie 50 Milliliter Buttermilch hinzufügen und alles vermengen. Außerdem die rote Lebensmittelfarbe mit dem Kakaopulver vermischen und dann ebenfalls gut mit dem Teig vermengen.

4 Einen Spritzbeutel zur Hand nehmen, den Teig hineinfüllen und damit in die zwölf runden Vertiefungen der Backform spritzen. Sie können zum Hineingeben jedoch auch einen TL verwenden.

5 Die Backform in den Ofen auf die mittlere Schiene schieben. Die Backzeit beträgt ca. eine Viertelstunde. Die Donuts sollten dann goldbraun sein. Nehmen Sie die Form aus dem Backofen, warten Sie jedoch noch etwa fünf Minuten, bis Sie die Donuts aus den Mulden herausnehmen.

6 Abschließend in einer kleinen Schüssel den Frischkäse, die restlichen 50 Milliliter Buttermilch sowie den Puderzucker miteinander vermischen und so lange rühren, bis eine glatte Masse entsteht. Die Glasur z. B. mit einem TL auf die noch warmen Donuts geben, sodass auch etwas an der Seite herunterläuft, und danach trocknen lassen.

KUCHEN-DONUTS MIT STRACCIATELLA-TOPPING

10 Stück

140 Min.

Mittel

Zutaten

560 g Weizenmehl, Typ 405
75 g und extra 40 g weiche Butter
150 g Zucker
130 g Puderzucker
1 Paket Vanillezucker
4 EL Vollmilchschokolade, gehobelt
4 EL Zartbitterschokolade, gehobelt
2 EL Schlagsahne
1 EL frisch gepresster Orangensaft
3 TL Backpulver
0,5 TL Muskatnuss
120 ml Milch, fettarm
2 Eier
1 Messerspitze Salz
Mark einer Vanilleschote

Außerdem
Frittierfett oder Pflanzenöl
Mehl zum Bestreuen der Arbeitsplatte

Nährwerte

443,2 kcal
71,7 g Kohlenhydrate
13,6 g Fett
7,4 g Eiweiß

1 Nehmen Sie eine Schüssel, geben Sie den Zucker sowie die zwei Eier hinein und vermengen Sie alles mit einem Rührgerät zu einer cremigen Masse. Fügen Sie dann das Backpulver, den Vanillezucker, das Salz sowie das Mehl hinzu und vermischen Sie alles erneut.

2 Stellen Sie dann einen Topf auf den Herd und erhitzen Sie darin die Milch. Geben Sie die 75 Gramm Butter hinzu und verrühren Sie alles, bis die Butter geschmolzen ist. Dies dann langsam zur hergestellten Teigmischung geben und alles gut vermengen. Danach den Teig abgedeckt etwa eine Stunde bei Zimmertemperatur ruhen lassen.

3 Anschließend den Teig auf einer leicht mit Mehl bestreuten Arbeitsfläche so ausrollen, dass er ca. einen Zentimeter dick ist. Stechen Sie mit einem Donut-Ausstecher zehn Kreise mit einem Durchmesser von neun Zentimetern aus und danach aus diesen jeweils aus der Mitte einen Kreis von drei Zentimetern. Schneiden Sie aus Backpapier zehn Stücke aus, die etwa zehn mal zehn Zentimeter groß sind, und legen Sie diese auf ein Backblech. Platzieren Sie darauf jeweils einen ausgestochenen Teigkreis und lassen Sie alles ca. eine Viertelstunde lang ruhen.

4 Erhitzen Sie dann das Pflanzenöl in einem Topf oder einer Fritteuse auf 190 °C. Danach zunächst jeweils zwei Donuts vom Backpapier nehmen und zum Ausbacken vorsichtig in das erhitzte Öl geben.

5 Die Donuts müssen insgesamt etwa drei Minuten ausgebacken werden. Danach werden sie aus dem Topf bzw. der Fritteuse genommen und zum Abtropfen auf ein Stück Küchenpapier gelegt, bis sie etwas abgekühlt sind.

6 Für die Glasur nehmen Sie eine kleine Schüssel und vermischen darin den Puderzucker und 40 Gramm weiche Butter. Dann fügen Sie die Schlagsahne sowie das Vanillemark und den Orangensaft hinzu und verrühren alles, bis eine glatte Masse entstanden ist. Die Oberseite der Donuts mit der Glasur bestreichen und anschließend die vorher vermischte Vollmich- und Zartbitterschokoladenraspeln darauf streuen.

KUCHEN-DONUTS MIT EIERLIKÖR UND AMARETTO

10 Stück

140 Min.

Mittel

Zutaten

560 g Weizenmehl, Typ 405
75 g und extra 40 g weiche Butter
150 g Zucker
130 g Puderzucker
1 Paket Vanillezucker
1 EL Amaretto
1 EL Eierlikör
3 TL Backpulver
0,5 TL Muskatnuss
120 ml Milch, fettarm
2 Eier
1 Messerspitze Salz
Etwas Kakaopulver zur Garnierung

Außerdem
Frittierfett oder Pflanzenöl
Mehl zum Bestreuen der Arbeitsplatte

Nährwerte

416 kcal
70 g Kohlenhydrate
11,4 g Fett
7,1 g Eiweiß

1 Nehmen Sie eine Schüssel, geben Sie den Zucker sowie die zwei Eier hinein und vermengen Sie alles mit einem Rührgerät zu einer cremigen Masse. Fügen Sie das Backpulver, den Vanillezucker, das Salz sowie das Mehl hinzu und vermischen Sie alles erneut.

2 Stellen Sie einen Topf auf den Herd und erhitzen Sie darin die Milch. Geben Sie die 75 Gramm Butter hinzu und verrühren Sie alles, bis die Butter geschmolzen ist. Dies dann langsam zur hergestellten Teigmischung geben und alles gut vermengen. Danach den Teig abgedeckt etwa eine Stunde bei Zimmertemperatur ruhen lassen. Anschließend den Teig auf einer leicht mit Mehl bestreuten Arbeitsfläche so ausrollen, dass er ca. einen Zentimeter dick ist. Stechen Sie mit einem Donut-Ausstecher zehn Kreise mit einem Durchmesser von neun Zentimetern aus und danach aus diesen jeweils aus der Mitte einen Kreis von drei Zentimetern.

3 Schneiden Sie aus Backpapier zehn Stücke aus, die etwa zehn mal zehn Zentimeter groß sind, und legen Sie diese auf ein Backblech. Platzieren Sie darauf jeweils einen ausgestochenen Teigkreis und lassen Sie alles ca. eine Viertelstunde lang ruhen.

4 Erhitzen Sie dann das Pflanzenöl in einem Topf oder einer Fritteuse auf 190 °C. Danach zunächst jeweils zwei Donuts vom Backpapier nehmen und zum Ausbacken vorsichtig in das erhitzte Öl geben. Die Donuts müssen insgesamt etwa drei Minuten ausgebacken werden. Danach werden sie aus dem Topf bzw. der Fritteuse genommen und zum Abtropfen auf ein Stück Küchenpapier gelegt, bis sie etwas abgekühlt sind.

5 Für die Glasur nehmen Sie eine kleine Schüssel und vermischen darin den Puderzucker und 40 Gramm weiche Butter. Dann fügen Sie den Amaretto sowie den Eierlikör dazu und verrühren alles, bis eine glatte Masse entstanden ist.

6 Füllen Sie die Glasur in einen Spritzbeutel und verteilen Sie sie auf der Oberseite der Donuts. Streuen Sie dann noch etwas Kakaopulver darüber.

KUCHEN-DONUTS MIT LIEBESPERLEN

10 Stück

140 Min.

Mittel

Zutaten

560 g Weizenmehl, Typ 405
75 g und extra 40 g weiche Butter
150 g Zucker
130 g Puderzucker
1 Paket Vanillezucker
2 EL Schlagsahne
3 TL Backpulver
0,5 TL Muskatnuss
120 ml Milch, fettarm
2 Eier
Mark einer Vanilleschote
1 Messerspitze Salz
Liebesperlen zur Garnierung

Außerdem

Frittierfett oder Pflanzenöl
Mehl zum Bestreuen der Arbeitsplatte

Nährwerte

422,3 kcal
69,7 g Kohlenhydrate
12,4 g Fett
7,1 g Eiweiß

1 Nehmen Sie eine Schüssel, geben Sie den Zucker sowie die zwei Eier hinein und vermengen Sie alles mit einem Rührgerät zu einer cremigen Masse.

2 Fügen Sie das Backpulver, den Vanillezucker, das Salz sowie das Mehl hinzu und vermischen Sie alles erneut. Stellen Sie einen Topf auf den Herd und erhitzen Sie darin die Milch. Geben Sie die 75 Gramm Butter hinzu und verrühren Sie alles, bis die Butter geschmolzen ist. Dies dann langsam zur hergestellten Teigmischung geben und alles gut vermengen. Danach den Teig abgedeckt etwa eine Stunde bei Zimmertemperatur ruhen lassen. Anschließend den Teig auf einer leicht mit Mehl bestreuten Arbeitsfläche so ausrollen, dass er ca. einen Zentimeter dick ist.

3 Stechen Sie mit einem Donut-Ausstecher zehn Kreise mit einem Durchmesser von neun Zentimetern aus und danach aus diesen jeweils aus der Mitte einen Kreis von drei Zentimetern. Schneiden Sie aus Backpapier zehn Stücke aus, die etwa zehn mal zehn Zentimeter groß sind, und legen Sie diese auf ein Backblech. Platzieren Sie darauf jeweils einen ausgestochenen Teigkreis und lassen Sie alles ca. eine Viertelstunde lang ruhen.

4 Erhitzen Sie dann das Pflanzenöl in einem Topf oder einer Fritteuse auf 190 °C. Danach zunächst jeweils zwei Donuts vom Backpapier nehmen und zum Ausbacken vorsichtig in das erhitzte Öl geben. Die Donuts müssen insgesamt etwa drei Minuten ausgebacken werden. Danach werden sie aus dem Topf bzw. der Fritteuse genommen und zum Abtropfen auf ein Stück Küchenpapier gelegt, bis sie etwas abgekühlt sind.

5 Für die Glasur nehmen Sie eine kleine Schüssel und vermischen darin den Puderzucker und 40 Gramm weiche Butter. Dann fügen Sie die Schlagsahne sowie das Vanillemark dazu und verrühren alles, bis eine glatte Masse entstanden ist. Die Oberseite der Donuts mit der Glasur bestreichen und anschließend mit Liebesperlen bestreuen.

KUCHEN-DONUTS MIT MARZIPANFROSTING

10 Stück

150 Min.

Mittel

Zutaten

560 g Weizenmehl, Typ 405
75 g und extra 40 g weiche Butter
150 g Zucker
130 g Puderzucker
50 g Zartbitterschokolade
20 g Marzipan in Rohmasse
1 Paket Vanillezucker
4 EL Pistazien, gehakt
2 EL Schlagsahne
1 EL Orangensaft, frisch gepresst
1 EL Crème double
3 TL Backpulver
0,5 TL Muskatnuss
120 ml Milch, fettarm
2 Eier
1 Messerspitze Salz

Außerdem
Frittierfett oder Pflanzenöl
Mehl zum Bestreuen der Arbeitsplatte

Nährwerte

474 kcal
74 g Kohlenhydrate
15,6 g Fett
8,1 g Eiweiß

1 Raspeln Sie zunächst die Zartbitterschokolade, geben Sie die Raspeln auf einen Teller und stellen Sie diesen in den Kühlschrank.

2 Nehmen Sie eine Schüssel, geben Sie den Zucker sowie die zwei Eier hinein und vermengen Sie alles mit einem Rührgerät zu einer cremigen Masse. Fügen Sie das Backpulver, den Vanillezucker, das Salz sowie das Mehl hinzu und vermischen Sie alles erneut.

3 Stellen Sie einen Topf auf den Herd und erhitzen Sie darin die Milch. Geben Sie die 75 Gramm Butter hinzu und verrühren Sie alles, bis die Butter geschmolzen ist. Dies dann langsam zur hergestellten Teigmischung geben und alles gut vermengen. Danach den Teig abgedeckt etwa eine Stunde bei Zimmertemperatur ruhen lassen. Anschließend den Teig auf einer leicht mit Mehl bestreuten Arbeitsfläche so ausrollen, dass er ca. einen Zentimeter dick ist.

4 Stechen Sie mit einem Donut-Ausstecher zehn Kreise mit einem Durchmesser von neun Zentimetern aus und danach aus diesen jeweils aus der Mitte einen Kreis von drei Zentimetern. Schneiden Sie aus Backpapier zehn Stücke aus, die etwa zehn mal zehn Zentimeter groß sind, und legen Sie diese auf ein Backblech. Platzieren Sie darauf jeweils einen ausgestochenen Teigkreis und lassen Sie alles ca. eine Viertelstunde lang ruhen.

5 Erhitzen Sie dann das Pflanzenöl in einem Topf oder einer Fritteuse auf 190 °C. Danach zunächst jeweils zwei Donuts vom Backpapier nehmen und zum Ausbacken vorsichtig in das erhitzte Öl geben. Die Donuts müssen insgesamt etwa drei Minuten ausgebacken werden. Danach werden diese aus dem Topf bzw. der Fritteuse genommen und zum Abtropfen auf ein Stück Küchenpapier gelegt, bis sie etwas abgekühlt sind.

6 Für das Frosting nehmen Sie eine kleine Schüssel und vermischen darin den Puderzucker und 40 Gramm weiche Butter. Dann fügen Sie die Crème double, die vorher in kleine Würfel geschnittene Marzipanrohmasse sowie den Orangensaft dazu und verrühren alles, bis eine glatte Masse entstanden ist. Die Oberseite der Donuts mit dem Frosting bestreichen und anschließend mit den Schokoraspeln bestreuen.

KUCHEN-DONUTS MIT ZITRONENTOPPING

10 Stück

140 Min.

Mittel

Zutaten

560 g Weizenmehl, Typ 405
75 g und extra 40 g weiche Butter
150 g Zucker
130 g Puderzucker
1 Paket Vanillezucker
4 EL Zesten, von einer unbehandelten Zitrone
2 EL Sahnequark
1 EL Zitronensaft, frisch gepresst
1 EL Zitronenabrieb
3 TL Backpulver
0,5 TL Muskatnuss
120 ml Milch, fettarm
2 Eier
1 Messerspitze Salz

Außerdem
Frittierfett oder Pflanzenöl
Mehl zum Bestreuen der Arbeitsplatte

Nährwerte

420 kcal
69,7 g Kohlenhydrate
11,9 g Fett
7,6 g Eiweiß

1 Nehmen Sie eine Schüssel, geben Sie den Zucker sowie die zwei Eier hinein und vermengen Sie alles mit einem Rührgerät zu einer cremigen Masse.

2 Fügen Sie das Backpulver, den Vanillezucker, das Salz sowie das Mehl hinzu und vermischen Sie alles erneut. Stellen Sie einen Topf auf den Herd und erhitzen Sie darin die Milch. Geben Sie die 75 Gramm Butter hinzu und verrühren Sie alles, bis die Butter geschmolzen ist. Dies dann langsam zur hergestellten Teigmischung geben und alles gut vermengen. Danach den Teig abgedeckt etwa eine Stunde bei Zimmertemperatur ruhen lassen. Anschließend den Teig auf einer leicht mit Mehl bestreuten Arbeitsfläche so ausrollen, dass er ca. einen Zentimeter dick ist. Stechen Sie mit einem Donut-Ausstecher zehn Kreise mit einem Durchmesser von neun Zentimetern aus und danach aus diesen jeweils aus der Mitte einen Kreis von drei Zentimetern. Schneiden Sie aus Backpapier zehn Stücke aus, die etwa zehn mal zehn Zentimeter groß sind, und legen Sie diese auf ein Backblech. Platzieren Sie darauf jeweils einen ausgestochenen Teigkreis und lassen Sie alles ca. eine Viertelstunde lang ruhen.

3 Erhitzen Sie dann das Pflanzenöl in einem Topf oder einer Fritteuse auf 190 °C. Danach zunächst jeweils zwei Donuts vom Backpapier nehmen und zum Ausbacken vorsichtig in das erhitzte Öl geben. Die Donuts müssen insgesamt etwa drei Minuten ausgebacken werden. Danach werden sie aus dem Topf bzw. der Fritteuse genommen und zum Abtropfen auf ein Stück Küchenpapier gelegt, bis sie etwas abgekühlt sind.

4 Für das Topping nehmen Sie eine kleine Schüssel und vermischen darin den Puderzucker und 40 Gramm weiche Butter. Dann fügen Sie den Sahnequark dazu und verrühren alles erneut. Nun noch den Zitronensaft sowie den -abrieb hinzugeben und alles nochmals gut vermengen, bis eine glatte Masse entstanden ist. Die Oberseite der Donuts mit dem Topping bestreichen und anschließend mit den Zesten garnieren.

KUCHEN-DONUTS MIT HIMBEERTUPFERN

10 Stück

140 Min.

Mittel

Zutaten

560 g Weizenmehl, Typ 405
75 g und extra 40 g weiche Butter
150 g Zucker
150 g Himbeeren
130 g Puderzucker sowie extra
1 EL für die Garnierung
1 Paket Vanillezucker
1 EL Himbeersoße
1 EL Schlagsahne
3 TL Backpulver
0,5 TL Muskatnuss
120 ml Milch, fettarm
2 Eier
1 Messerspitze Salz
1 Vanilleschote

Außerdem
Frittierfett oder Pflanzenöl
Mehl zum Bestreuen der Arbeitsplatte

Nährwerte

422,9 kcal
71,57 g Kohlenhydrate
11,4 g Fett
7,2 g Eiweiß

1 Waschen Sie zu Beginn die Himbeeren gründlich ab und lassen Sie sie danach auf Küchenpapier gut abtropfen.

2 Nehmen Sie eine Schüssel, geben Sie den Zucker sowie die zwei Eier hinein und vermengen Sie alles mit einem Rührgerät zu einer cremigen Masse. Fügen Sie das Backpulver, den Vanillezucker, das Salz sowie das Mehl hinzu und vermischen Sie alles erneut. Stellen Sie einen Topf auf den Herd und erhitzen Sie darin die Milch. Geben Sie die 75 Gramm Butter hinzu und verrühren Sie alles, bis die Butter geschmolzen ist. Dies dann langsam zur hergestellten Teigmischung geben und alles gut vermengen. Danach den Teig abgedeckt etwa eine Stunde bei Zimmertemperatur ruhen lassen. Anschließend den Teig auf einer leicht mit Mehl bestreuten Arbeitsfläche so ausrollen, dass er ca. einen Zentimeter dick ist. Stechen Sie mit einem Donut-Ausstecher zehn Kreise mit einem Durchmesser von neun Zentimetern aus und danach aus diesen jeweils aus der Mitte einen Kreis von drei Zentimetern. Schneiden Sie aus Backpapier zehn Stücke aus, die etwa zehn mal zehn Zentimeter groß sind, und legen Sie diese auf ein Backblech. Platzieren Sie darauf jeweils einen ausgestochenen Teigkreis und lassen Sie alles ca. eine Viertelstunde lang ruhen.

3 Erhitzen Sie dann das Pflanzenöl in einem Topf oder einer Fritteuse auf 190 °C. Danach zunächst jeweils zwei Donuts vom Backpapier nehmen und zum Ausbacken vorsichtig in das erhitzte Öl geben. Die Donuts müssen insgesamt etwa drei Minuten ausgebacken werden. Danach werden diese aus dem Topf bzw. der Fritteuse genommen und zum Abtropfen auf ein Stück Küchenpapier gelegt, bis sie etwas abgekühlt sind.

4 Für das Frosting nehmen Sie eine kleine Schüssel und vermischen darin den Puderzucker und 40 Gramm weiche Butter. Dann fügen Sie die Schlagsahne dazu und verrühren alles erneut. Nun noch die Himbeersoße sowie das Vanillemark hinzugeben und wieder gut vermengen, bis eine glatte Masse entstanden ist.

5 Füllen Sie das Frosting in einen Spritzbeutel und geben Sie gleichmäßig verteilt jeweils vier Tupfer auf jeden Donut. Nach Wunsch können Sie jeden Tupfer noch mit einer Himbeere garnieren. Abschließend streuen Sie noch etwas Puderzucker über die fertigen Donuts.

KUCHEN-DONUTS MIT PFLAUMENSPALTEN

10 Stück

150 Min.

Mittel

Zutaten

560 g Weizenmehl, Typ 405
75 g und extra 30 g weiche Butter
150 g und extra 2 EL Zucker
130 g Puderzucker
1 Paket Vanillezucker
2 EL Sahnejoghurt
3 TL Backpulver
0,5 TL Muskatnuss
120 ml Milch, fettarm
5 Pflaumen, frisch
2 Eier
1 Messerspitze Salz
1 Prise gemahlener Zimt

Außerdem

Frittierfett oder Pflanzenöl
Mehl zum Bestreuen der Arbeitsplatte

Nährwerte

426,9 kcal
74,4 g Kohlenhydrate
10,6 g Fett
7,3 g Eiweiß

1 Nehmen Sie eine Schüssel, geben Sie den Zucker sowie die zwei Eier hinein und vermengen Sie alles mit einem Rührgerät zu einer cremigen Masse.

2 Fügen Sie das Backpulver, den Vanillezucker, das Salz sowie das Mehl hinzu und vermischen Sie alles erneut. Stellen Sie einen Topf auf den Herd und erhitzen Sie darin die Milch. Geben Sie die 75 g Butter hinzu und verrühren Sie alles, bis die Butter geschmolzen ist. Dies dann langsam zur hergestellten Teigmischung geben und alles gut vermengen. Danach den Teig abgedeckt etwa eine Stunde bei Zimmertemperatur ruhen lassen. Anschließend den Teig auf einer leicht mit Mehl bestreuten Arbeitsfläche so ausrollen, dass er ca. einen Zentimeter dick ist. Stechen Sie mit einem Donut-Ausstecher zehn Kreise mit einem Durchmesser von neun Zentimetern aus und danach aus diesen jeweils aus der Mitte einen Kreis von drei Zentimetern. Schneiden Sie aus Backpapier zehn Stücke aus, die etwa zehn mal zehn Zentimeter groß sind, und legen Sie diese auf ein Backblech. Platzieren Sie darauf jeweils einen ausgestochenen Teigkreis und lassen Sie alles ca. eine Viertelstunde lang ruhen.

3 Erhitzen Sie dann das Pflanzenöl in einem Topf oder einer Fritteuse auf 190 °C. Danach zunächst jeweils zwei Donuts vom Backpapier nehmen und zum Ausbacken vorsichtig in das erhitzte Öl geben. Die Donuts müssen insgesamt etwa drei Minuten ausgebacken werden. Danach werden diese aus dem Topf bzw. der Fritteuse genommen und zum Abtropfen auf ein Stück Küchenpapier gelegt, bis sie etwas abgekühlt sind.

4 Für das Frosting nehmen Sie eine kleine Schüssel und vermischen darin den Puderzucker und 40 Gramm weiche Butter. Dann fügen Sie den Sahnejoghurt dazu und verrühren alles, bis eine glatte Masse entstanden ist.

5 Waschen Sie die Pflaumen, halbieren Sie sie anschließend und entfernen Sie den Kern. Schneiden Sie dann längliche schmale Spalten. Die Oberseite der Donuts mit dem Frosting bestreichen. Geben Sie die Donuts auf einen Teller und legen Sie ein paar Pflaumenspalten in das Loch jedes Donuts. Streuen Sie abschließend etwas Zimt darüber.

KUCHEN-DONUTS MIT GLASUR AUS ROTEN FRÜCHTEN

10 Stück

140 Min.

Mittel

Zutaten

560 g Weizenmehl, Typ 405
75 g und extra 25 g weiche Butter
150 g Zucker
130 g Puderzucker
60 g Frischkäse
1 Paket Vanillezucker
8 EL Mandelkrokant
2 EL Honig, flüssig
3 TL Backpulver
0,5 TL Muskatnuss
120 ml Milch, fettarm
2 Eier
1 Messerspitze Salz

Außerdem

Frittierfett oder Pflanzenöl
Mehl zum Bestreuen der Arbeitsplatte

Nährwerte

436,6 kcal
73,3 g Kohlenhydrate
12,1 g Fett
7,5 g Eiweiß

1 Nehmen Sie eine Schüssel, geben Sie den Zucker sowie die zwei Eier hinein und vermengen Sie alles mit einem Rührgerät zu einer cremigen Masse.

2 Fügen Sie das Backpulver, den Vanillezucker, das Salz sowie das Mehl hinzu und vermischen Sie alles erneut. Stellen Sie einen Topf auf den Herd und erhitzen Sie darin die Milch. Geben Sie die 75 g Butter hinzu und verrühren Sie alles, bis die Butter geschmolzen ist. Dies dann langsam zur hergestellten Teigmischung geben und alles gut vermengen. Danach den Teig abgedeckt etwa eine Stunde bei Zimmertemperatur ruhen lassen. Anschließend den Teig auf einer leicht mit Mehl bestreuten Arbeitsfläche so ausrollen, dass er ca. einen Zentimeter dick ist.

3 Stechen Sie mit einem Donut-Ausstecher zehn Kreise mit einem Durchmesser von neun Zentimetern aus und danach aus diesen jeweils aus der Mitte einen Kreis von drei Zentimetern.

4 Schneiden Sie aus Backpapier zehn Stücke aus, die etwa zehn mal zehn Zentimeter groß sind, und Sie legen diese auf ein Backblech. Platzieren Sie darauf jeweils einen ausgestochenen Teigkreis und lassen Sie alles ca. eine Viertelstunde lang ruhen.

5 Erhitzen Sie dann das Pflanzenöl in einem Topf oder einer Fritteuse auf 190 °C. Danach zunächst jeweils zwei Donuts vom Backpapier nehmen und zum Ausbacken vorsichtig in das erhitzte Öl geben. Die Donuts müssen insgesamt etwa drei Minuten ausgebacken werden. Danach werden sie aus dem Topf bzw. der Fritteuse genommen und zum Abtropfen auf ein Stück Küchenpapier gelegt, bis sie etwas abgekühlt sind.

6 Für die Glasur nehmen Sie eine kleine Schüssel und vermischen darin den Puderzucker, den Frischkäse und 25 Gramm weiche Butter. Dann fügen Sie den Honig dazu und verrühren alles, bis eine glatte Masse entstanden ist. Die Oberseite der Donuts mit der Glasur bestreichen und zur Garnierung auf jeden Donut etwas Mandelkrokant verteilen.

KUCHEN-DONUTS MIT HOLUNDER UND MINZE

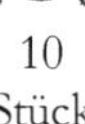

10 Stück

140 Min.

Mittel

Zutaten

560 g Weizenmehl, Typ 405
75 g und extra 60 g weiche Butter
150 g Zucker
150 g Puderzucker
1 Paket Vanillezucker
2 EL Holunderblütensirup
2 EL Prosecco oder Sekt
3 TL Backpulver
0,5 TL Muskatnuss
120 ml Milch, fettarm
2 Eier
1 Messerspitze Salz
Ein kleines Sträußchen frische Minze

Außerdem

Frittierfett oder Pflanzenöl
Mehl zum Bestreuen der Arbeitsplatte

Nährwerte

438,8 kcal
72,4 g Kohlenhydrate
12,9 g Fett
7,0 g Eiweiß

1 Nehmen Sie eine Schüssel, geben Sie den Zucker sowie die zwei Eier hinein und vermengen Sie alles mit einem Rührgerät zu einer cremigen Masse.

2 Fügen Sie das Backpulver, den Vanillezucker, das Salz sowie das Mehl hinzu und vermischen Sie alles erneut. Stellen Sie einen Topf auf den Herd und erhitzen Sie darin die Milch. Geben Sie die 75 g Butter hinzu und verrühren Sie alles, bis die Butter geschmolzen ist. Dies dann langsam zur hergestellten Teigmischung geben und alles gut vermengen. Danach den Teig abgedeckt etwa eine Stunde bei Zimmertemperatur ruhen lassen. Anschließend den Teig auf einer leicht mit Mehl bestreuten Arbeitsfläche so ausrollen, dass er ca. einen Zentimeter dick ist. Stechen Sie mit einem Donut-Ausstecher zehn Kreise mit einem Durchmesser von neun Zentimetern aus und danach aus diesen jeweils aus der Mitte einen Kreis von drei Zentimetern.

3 Schneiden Sie aus Backpapier zehn Stücke aus, die etwa zehn mal zehn Zentimeter groß sind, und legen Sie diese auf ein Backblech. Platzieren Sie darauf jeweils einen ausgestochenen Teigkreis und lassen Sie alles ca. eine Viertelstunde lang ruhen.

4 Erhitzen Sie dann das Pflanzenöl in einem Topf oder einer Fritteuse auf 190 °C. Danach zunächst jeweils zwei Donuts vom Backpapier nehmen und zum Ausbacken vorsichtig in das erhitzte Öl geben.

5 Die Donuts müssen insgesamt etwa drei Minuten ausgebacken werden. Danach werden diese aus dem Topf bzw. der Fritteuse genommen und zum Abtropfen auf ein Stück Küchenpapier gelegt, bis sie etwas abgekühlt sind.

6 Für die Glasur nehmen Sie eine kleine Schüssel und vermischen darin den Puderzucker und 40 Gramm weiche Butter. Dann fügen Sie den Prosecco oder Sekt sowie den Holunderblütensirup dazu und verrühren alles, bis eine glatte Masse entstanden ist. Die Oberseite der Donuts mit der Glasur bestreichen und anschließend mit ein paar Minzblättern bestreuen.

KUCHEN-DONUTS MIT MANDELBLÄTTCHEN

10 Stück

150 Min.

Mittel

Zutaten

560 g Weizenmehl, Typ 405
150 g Zucker
130 g Puderzucker
75 g und extra 40 g weiche Butter
8 EL Mandelblättchen
1 EL Honig, flüssig
1 EL Schlagsahne
3 TL Backpulver
0,5 TL Muskatnuss
120 ml Milch, fettarm
2 Eier
1 Messerspitze Salz
1 Paket Vanillezucker

Außerdem

Frittierfett oder Pflanzenöl
Mehl zum Bestreuen der Arbeitsplatte

Nährwerte

478,9 kcal
71,3 g Kohlenhydrate
16,6 g Fett
9,5 g Eiweiß

1 Nehmen Sie eine kleine Pfanne und rösten Sie darin ohne Fett die Mandelblättchen gut an. Sie dürfen jedoch nicht anbrennen.

2 Geben Sie den Zucker sowie die zwei Eier in eine Schüssel und vermengen Sie alles mit einem Rührgerät zu einer cremigen Masse. Fügen Sie das Backpulver, den Vanillezucker, das Salz sowie das Mehl hinzu und vermischen Sie alles erneut. Stellen Sie einen Topf auf den Herd und erhitzen Sie darin die Milch. Geben Sie die 75 g Butter hinzu und verrühren Sie alles, bis die Butter geschmolzen ist. Dies dann langsam zur hergestellten Teigmischung geben und alles gut vermengen. Danach den Teig abgedeckt etwa eine Stunde bei Zimmertemperatur ruhen lassen.

3 Anschließend den Teig auf einer leicht mit Mehl bestreuten Arbeitsfläche so ausrollen, dass er ca. einen Zentimeter dick ist. Stechen Sie mit einem Donut-Ausstecher zehn Kreise mit einem Durchmesser von neun Zentimetern aus und danach aus diesen jeweils aus der Mitte einen Kreis von drei Zentimetern. Schneiden Sie aus Backpapier zehn Stücke aus, die etwa zehn mal zehn Zentimeter groß sind, und legen Sie diese auf ein Backblech. Platzieren Sie darauf jeweils einen ausgestochenen Teigkreis und lassen Sie alles ca. eine Viertelstunde lang ruhen.

4 Erhitzen Sie dann das Pflanzenöl in einem Topf oder einer Fritteuse auf 190 °C. Danach zunächst jeweils zwei Donuts vom Backpapier nehmen und zum Ausbacken vorsichtig in das erhitzte Öl geben. Die Donuts müssen insgesamt etwa drei Minuten ausgebacken werden. Danach werden diese aus dem Topf bzw. der Fritteuse genommen und zum Abtropfen auf ein Stück Küchenpapier gelegt, bis sie etwas abgekühlt sind.

5 Für das Frosting nehmen Sie eine kleine Schüssel und vermischen darin den Puderzucker und 40 Gramm weiche Butter. Dann fügen Sie die Schlagsahne sowie den Honig dazu und verrühren alles, bis eine glatte Masse entstanden ist. Die Oberseite der Donuts mit dem Frosting bestreichen und anschließend die Mandelblättchen als Garnierung darauf verteilen.

KUCHEN-DONUTS MIT JOGHURTGLASUR UND MÜSLI

10 Stück

140 Min.

Mittel

Zutaten

560 g Weizenmehl, Typ 405
150 g Zucker
130 g Puderzucker
75 g und extra 40 g weiche Butter
8 EL Früchtemüsli, Sorte je nach Wunsch
2 EL Sahnejoghurt
2 EL Agavendicksaft
3 TL Backpulver
0,5 TL Muskatnuss
120 ml Milch, fettarm
2 Eier
1 Messerspitze Salz
1 Paket Vanillezucker

Außerdem

Frittierfett oder Pflanzenöl
Mehl zum Bestreuen der Arbeitsplatte

Nährwerte

452,9 kcal
77,1 g Kohlenhydrate
11,9 g Fett
8 g Eiweiß

1 Nehmen Sie eine Schüssel, geben Sie den Zucker sowie die zwei Eier hinein und vermengen Sie alles mit einem Rührgerät zu einer cremigen Masse.

2 Fügen Sie das Backpulver, den Vanillezucker, das Salz sowie das Mehl hinzu und vermischen Sie alles erneut. Stellen Sie einen Topf auf den Herd und erhitzen Sie darin die Milch. Geben Sie die 75 g Butter hinzu und verrühren Sie alles, bis die Butter geschmolzen ist. Dies dann langsam zur hergestellten Teigmischung geben und alles gut vermengen. Danach den Teig abgedeckt etwa eine Stunde bei Zimmertemperatur ruhen lassen. Anschließend den Teig auf einer leicht mit Mehl bestreuten Arbeitsfläche so ausrollen, dass er ca. einen Zentimeter dick ist. Stechen Sie mit einem Donut-Ausstecher zehn Kreise mit einem Durchmesser von neun Zentimetern aus und danach aus diesen jeweils aus der Mitte einen Kreis von drei Zentimetern.

3 Schneiden Sie aus Backpapier zehn Stücke aus, die etwa zehn mal zehn Zentimeter groß sind, und legen Sie diese auf ein Backblech. Platzieren Sie darauf jeweils einen ausgestochenen Teigkreis und lassen Sie alles ca. eine Viertelstunde lang ruhen.

4 Erhitzen Sie dann das Pflanzenöl in einem Topf oder einer Fritteuse auf 190 °C. Danach zunächst jeweils zwei Donuts vom Backpapier nehmen und zum Ausbacken vorsichtig in das erhitzte Öl geben. Die Donuts müssen insgesamt etwa drei Minuten ausgebacken werden. Danach werden diese aus dem Topf bzw. der Fritteuse genommen und zum Abtropfen auf ein Stück Küchenpapier gelegt, bis sie etwas abgekühlt sind.

5 Für die Glasur nehmen Sie eine kleine Schüssel und vermischen darin den Puderzucker und 40 Gramm weiche Butter. Dann fügen Sie den Sahnejoghurt dazu und verrühren alles erneut. Nun noch den Agavendicksaft hinzugeben und die Mischung wieder gut vermengen, bis eine glatte Masse entstanden ist. Die Oberseite der Donuts mit der fertigen Glasur bestreichen und anschließend mit dem Müsli bestreuen.

KUCHEN-DONUTS MIT MÖHRENSAFTGLASUR

10 Stück

160 Min.

Mittel

Zutaten

560 g Weizenmehl, Typ 405
75 g und extra
40 g weiche Butter
150 g Zucker
130 g Puderzucker
80 g Marzipan als Rohmasse
1 Paket Vanillezucker
2 EL Möhrensaft
3 TL Backpulver
0,5 TL Muskatnuss
120 ml Milch, fettarm
2 Eier
1 Messerspitze Salz
Lebensmittelfarben rot, gelb, grün

Außerdem
Frittierfett oder Pflanzenöl
Mehl zum Bestreuen
der Arbeitsplatte

Nährwerte

445,7 kcal
74 g Kohlenhydrate
12,7 g Fett
7,7 g Eiweiß

1 Zu Beginn mischen Sie die Lebensmittelfarben Rot und Gelb so, dass ein kräftiges Orange entsteht.

2 Nehmen Sie eine Schüssel und geben Sie die Hälfte der Marzipanrohmasse sowie die orangene Farbe hinein. Vermischen Sie alles kräftig miteinander. Formen Sie hieraus dann kleine Möhrchen. Anschließend legen Sie weitere 20 Gramm des Marzipans in eine andere Schüssel und rühren die grüne Lebensmittelfarbe unter. Wenn alles gut vermischt ist, formen Sie hieraus das Möhrengrün.

3 Geben Sie anschließend den Zucker sowie die zwei Eier in eine weitere Schüssel und vermengen Sie alles mit einem Rührgerät zu einer cremigen Masse. Fügen Sie das Backpulver, den Vanillezucker, das Salz sowie das Mehl hinzu und vermischen Sie alles erneut.

4 Stellen Sie dann einen Topf auf den Herd und erhitzen Sie darin die Milch. Geben Sie die 75 Gramm Butter hinzu und verrühren Sie alles, bis die Butter geschmolzen ist. Dies dann langsam zur hergestellten Teigmischung geben und alles gut vermengen. Danach den Teig abgedeckt etwa eine Stunde bei Zimmertemperatur ruhen lassen. Anschließend den Teig auf einer leicht mit Mehl bestreuten Arbeitsfläche so ausrollen, dass er ca. einen Zentimeter dick ist. Stechen Sie mit einem Donut-Ausstecher zehn Kreise mit einem Durchmesser von neun Zentimetern aus und danach aus diesen jeweils aus der Mitte einen Kreis von drei Zentimetern. Schneiden Sie aus Backpapier zehn Stücke aus, die etwa zehn mal zehn Zentimeter groß sind, und legen Sie diese auf ein Backblech. Platzieren Sie darauf jeweils einen ausgestochenen Teigkreis und lassen Sie alles ca. eine Viertelstunde lang ruhen.

5 Erhitzen Sie dann das Pflanzenöl in einem Topf oder einer Friteuse auf 190 °C. Danach zunächst jeweils zwei Donuts vom Backpapier nehmen und zum Ausbacken vorsichtig in das erhitzte Öl geben. Die Donuts müssen insgesamt etwa drei Minuten ausgebacken werden. Danach werden diese aus dem Topf genommen und zum Abtropfen auf ein Stück Küchenpapier gelegt, bis sie etwas abgekühlt sind.

6 Für die Glasur nehmen Sie eine kleine Schüssel und vermischen darin den Puderzucker und 40 Gramm weiche Butter. Dann fügen Sie den Möhrensaft dazu und verrühren alles, bis eine glatte Masse entstanden ist. Abschließend die Oberseite der Donuts mit der fertigen Glasur bestreichen und mit den Marzipanmöhrchen garnieren.

GRUNDREZEPT FÜR DONUTS AUS DEM DONUT-MAKER

8 Stück

60 Min.

Mittel

Zutaten

250 g Weizenmehl, Typ 405
120 g Zucker
220 ml Milch, lauwarm
5 EL Pflanzenöl
5 EL Puderzucker
1 Paket Vanillezucker
½ Paket Backpulver
1 Prise Salz
3 Eier

Außerdem
Mehl zum Bestreuen der Arbeitsplatte
Etwas Pflanzenöl zum Bestreichen

Nährwerte

291,1 kcal
46,1 g Kohlenhydrate
9,1 g Fett
5,7 g Eiweiß

1 Nehmen Sie eine Schüssel und geben Sie das Mehl sowie das Backpulver hinein. Geben Sie dann den Zucker, das Backpulver, die Milch, das Salz, die Eier, das Öl sowie den Vanillezucker hinzu. Vermischen Sie alles sorgfältig, bis ein glatter Teig entstanden ist.

2 Nun bereits den Donut-Maker vorheizen und beide Seiten mit etwas Öl einstreichen.

3 Füllen Sie dann je einen gestrichenen EL Teig in die Vertiefungen und schließen Sie dann das Gerät.

4 Die Donuts müssen insgesamt etwa drei bis vier Minuten backen. Danach den fertigen Donut aus dem Donut-Maker herausnehmen und auf etwas Küchenpapier abtropfen lassen. Wiederholen Sie die Vorgehensweise mit dem restlichen Teig.

5 Anschließend haben Sie nun die Möglichkeit, eine Füllung für die fertigen Donuts herzustellen und diese hineinzufüllen bzw. eine Glasur aufzubringen.

Gefüllte Donuts mit Hefeteig

DONUTS MIT ZUCKERGARNIERUNG

12 Stück

140 Min.

Mittel

Zutaten

120 ml Vollmilch, lauwarm
225 g Weizenmehl, Typ 550
120 g Zucker zum Bestreuen
65 g gekühlte, gewürfelte Butter
1,5 TL Trockenhefe
1 Ei
1 Prise Salz
1 EL Zucker
4 EL z. B. Himbeermarmelade

Außerdem
1 l Sonnenblumenöl
Mehl zum Bestreuen der Arbeitsplatte

Nährwerte

169,3 kcal
26,8 g Kohlenhydrate
5,5 g Fett
2,8 g Eiweiß

1 Nehmen Sie eine Schüssel und geben Sie das Mehl, den Zucker, die Hefe sowie das Salz hinein. Vermischen Sie die Zutaten mit den Händen und kneten Sie die Butter gut in die Mischung hinein. Fügen Sie die Milch sowie das bereits verquirlte Ei hinzu und vermengen Sie alles, bis es einen Teig ergibt.

2 Den Teig aus der Schüssel nehmen, auf eine mit etwas Mehl bestreute Fläche legen und etwa zehn Minuten durchkneten. Eine zweite, saubere Schüssel leicht einfetten, den Teig hineingeben und abgedeckt für ca. eine Stunde an einen warmen Ort stellen. Danach sollte der Teig etwa doppelt so groß sein.

3 Anschließend den Teig in zwölf möglichst gleich große Teile schneiden und dann diese zu Kugeln formen. Diese jeweils auf ein Stück Backpapier legen und abgedeckt erneut für etwa eine halbe Stunde an einen warmen Ort stellen.

4 Einen tiefen Topf nehmen und darin das Sonnenblumenöl auf ca. 170 °C erhitzen.

5 Zunächst drei Donuts vom Backpapier nehmen und zum Ausbacken vorsichtig in das erhitzte Öl geben. Sie müssen zwischen einer halben und einer Minute von jeder Seite gegart werden, bis sie goldbraun sind. Die Donuts danach aus dem Topf nehmen und zum Abtropfen auf ein Stück Küchenpapier legen, bis sie etwas abgekühlt sind.

6 In jeden Donut ein Loch für die Füllung stechen, z. B. mit dem Stiel eines TLs.

7 Die Marmelade in einen Spritzbeutel geben und mit diesem dann jeweils etwas in die Donuts füllen. Danach noch den Zucker auf einen Teller geben und die noch warmen Donuts darin von beiden Seiten wälzen.

DONUTS MIT APFELSCHEIBENFÜLLUNG

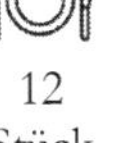

12 Stück | 120 Min. | Mittel

Zutaten

120 ml Vollmilch, lauwarm
225 g Weizenmehl, Typ 550
65 g gekühlte, gewürfelte Butter
4 EL Puderzucker
1 EL Zucker
1,5 TL Trockenhefe
1 Ei
1 Prise Salz
0,5 TL Zimt, gemahlen
2 entkernte Äpfel

Außerdem

1 l Sonnenblumenöl
Mehl zum Bestreuen der Arbeitsplatte

Nährwerte

147,4 kcal
21 g Kohlenhydrate
5,5 g Fett
2,9 g Eiweiß

1 Nehmen Sie eine Schüssel und geben Sie das Mehl, den Zucker, die Hefe sowie das Salz hinein. Vermischen Sie die Zutaten mit den Händen und kneten Sie die Butter gut in die Mischung hinein. Fügen Sie die Milch sowie das vorher verquirlte Ei hinzu und vermengen Sie alles, bis es einen Teig ergibt.

2 Den Teig aus der Schüssel nehmen, auf eine mit etwas Mehl bestreute Fläche legen und etwa zehn Minuten durchkneten. Eine zweite, saubere Schüssel leicht einfetten, den Teig hineingeben und abgedeckt für ca. eine Stunde an einen warmen Ort stellen. Danach sollte der Teig etwa doppelt so groß sein. Anschließend den Teig erneut auf eine leicht mit Mehl bestreute Arbeitsfläche legen und so ausrollen, dass er ca. fünf Millimeter dick ist. Den Donut-Ausstecher zur Hand nehmen und 24 Ringe ausstechen.

3 Aus den Mittelteilen der zwei ausgekernten, nicht geschälten Äpfel jeweils sechs etwa gleich große und ca. drei Millimeter dicke Ringe schneiden.

4 Zwölf der ausgestochenen Ringe auf ein Stück Backpapier legen, dann jeweils eine Apfelscheibe sowie einen zweiten Ring darauf ablegen. Nun den Rand ringsherum zusammendrücken und verschließen. Die fertigen Ringe abgedeckt erneut für etwa eine halbe Stunde an einen warmen Ort stellen. Einen tiefen Topf nehmen und darin das Sonnenblumenöl auf ca. 170 °C erhitzen.

5 Zunächst drei Donuts vom Backpapier nehmen und zum Ausbacken vorsichtig in das erhitzte Öl geben. Sie müssen zwischen einer halben und einer Minute von jeder Seite gegart werden, bis sie goldbraun sind. Die Donuts danach aus dem Topf nehmen und zum Abtropfen auf ein Stück Küchenpapier legen, bis sie etwas abgekühlt sind.

6 Abschließend in einer kleinen Schüssel den Zimt mit dem Puderzucker vermischen, auf einen Teller geben und die noch warmen Donuts darin von beiden Seiten wälzen.

DONUTS MIT ZITRONENCREMEFÜLLUNG

12 Stück

120 Min.

Leicht

Zutaten

120 ml Vollmilch, lauwarm
225 g Weizenmehl, Typ 550
65 g gekühlte, gewürfelte Butter
1,5 TL Trockenhefe
1 Ei
1 Prise Salz
1 EL und extra 120 g Zucker
Abgeriebene Schale einer unbehandelten Zitrone
125 g Zitronencreme

Außerdem

1 l Sonnenblumenöl
Mehl zum Bestreuen der Arbeitsplatte

Nährwerte

182,2 kcal
30 g Kohlenhydrate
5,5 g Fett
2,8 g Eiweiß

1 Nehmen Sie eine Schüssel und geben Sie das Mehl, den Zucker, die Hefe sowie das Salz hinein. Vermischen Sie die Zutaten mit den Händen und kneten Sie die Butter sowie die Hälfte der geriebenen Zitronenschale gut in die Mischung hinein. Fügen Sie die Milch sowie das vorher verquirlte Ei hinzu und vermengen Sie alles, bis es einen Teig ergibt.

2 Den Teig aus der Schüssel nehmen, auf eine mit etwas Mehl bestreute Fläche legen und etwa zehn Minuten durchkneten. Eine zweite, saubere Schüssel leicht einfetten, den Teig hineingeben und abgedeckt für ca. eine Stunde an einen warmen Ort stellen. Danach sollte der Teig etwa doppelt so groß sein.

3 Anschließend den Teig in zwölf möglichst gleich große Teile schneiden und diese jeweils zu einer Kugel formen. Alle Kugeln auf ein Stück Backpapier legen und abgedeckt etwa eine halbe Stunde erneut an einen warmen Ort stellen.

4 Einen tiefen Topf nehmen und darin das Sonnenblumenöl auf ca. 170 °C erhitzen.

5 Zunächst drei Donuts vom Backpapier nehmen und zum Ausbacken vorsichtig in das erhitzte Öl geben. Sie müssen zwischen einer halben und einer Minute von jeder Seite gegart werden, bis sie goldbraun sind. Die Donuts danach aus dem Topf nehmen und zum Abtropfen auf ein Stück Küchenpapier legen, bis sie etwas abgekühlt sind.

6 In jeden Donut ein Loch für die Füllung stechen, z. B. mit dem Stiel eines TLs. Die Zitronencreme in einen Spritzbeutel geben und mit diesem dann jeweils etwas in die Donuts füllen. Danach noch den Zucker auf einen Teller geben und die noch warmen Donuts darin von beiden Seiten wälzen.

7 Abschließend in einer kleinen Schüssel das Wasser und den Zucker mit der restlichen abgeriebenen Zitronenschale vermengen, auf einen Teller geben und die noch warmen Donuts darin von beiden Seiten wälzen.

DONUTS MIT VANILLEPUDDINGFÜLLUNG

12 Stück

180 Min.

Mittel

Zutaten

120 ml und extra 250 ml Vollmilch
1,5 EL Schlagsahne
225 g Weizenmehl, Typ 550
65 g gekühlte, gewürfelte Butter
1,5 TL Trockenhefe
1 Ei
2 Eigelb
1 Prise Salz
2,5 EL und extra 120 g Zucker
Mark einer Vanilleschote
1 TL Speisestärke

Außerdem

1 l Sonnenblumenöl
Mehl zum Bestreuen der Arbeitsplatte

Nährwerte

188,5 kcal
27,1 g Kohlenhydrate
7,2 g Fett
3,4 g Eiweiß

1 Bereiten Sie zunächst den Vanillepudding zu. Geben Sie hierfür 250 Milliliter Milch, das Vanillemark sowie die Sahne in einen Topf und bringen Sie diese Mischung bei geringer Hitze zum Kochen.

2 Nehmen Sie eine Schüssel und geben Sie die Speisestärke, 1,5 EL Zucker sowie die zwei Eigelb hinein und vermengen Sie alles gut. Die noch heiße Mischung aus dem Topf unter Rühren mit in die Schüssel geben. Dann die Gesamtmischung wieder in den Topf geben und bei nur geringer Wärmezufuhr unter ständigem Rühren andicken lassen. Danach den Topf vom Herd nehmen. Anschließend den Vanillepudding zum Abkühlen in eine Schüssel geben und, wenn gewünscht, abdecken, damit keine Haut entsteht.

3 Nehmen Sie eine Schüssel und geben Sie das Mehl, den Zucker, die Hefe sowie das Salz hinein. Vermischen Sie die Zutaten mit den Händen und kneten Sie die Butter gut in die Mischung hinein. Fügen Sie die Milch sowie das vorher verquirlte Ei hinzu und vermengen Sie alles, bis es einen Teig ergibt. Den Teig aus der Schüssel nehmen, auf eine mit etwas Mehl bestreute Fläche legen und etwa zehn Minuten durchkneten. Eine zweite, saubere Schüssel leicht einfetten, den Teig hineingeben und abgedeckt für ca. eine Stunde an einen warmen Ort stellen. Danach sollte der Teig etwa doppelt so groß sein. Anschließend den Teig in zwölf möglichst gleich große Teile schneiden und diese jeweils zu einer Kugel formen. Alle Kugeln auf ein Stück Backpapier legen und abgedeckt etwa eine halbe Stunde erneut an einen warmen Ort stellen.

4 Einen tiefen Topf nehmen und darin das Sonnenblumenöl auf ca. 170 °C erhitzen. Zunächst drei Donuts vom Backpapier nehmen und zum Ausbacken vorsichtig in das erhitzte Öl geben. Sie müssen zwischen einer halben und einer Minute von jeder Seite gegart werden, bis sie goldbraun sind. Die Donuts danach aus dem Topf nehmen und zum Abtropfen auf ein Stück Küchenpapier legen, bis sie etwas abgekühlt sind.

5 In jeden Donut ein Loch für die Füllung stechen, z. B. mit dem Stiel eines TLs. Den Vanillepudding in einen Spritzbeutel geben und mit diesem dann jeweils etwas in die Donuts füllen. Danach noch den Zucker auf einen Teller geben und die noch warmen Donuts darin von beiden Seiten wälzen.

DONUTS MIT KARAMELLFÜLLUNG

12
Stück

140
Min.

Mittel

Zutaten

120 ml Vollmilch, lauwarm
225 g Weizenmehl, Typ 550
65 g gekühlte, gewürfelte Butter
1,5 TL Trockenhefe
1 Ei
1 Prise Salz
1 EL Zucker
150 ml Karamellsoße, fertig

Außerdem

1 l Sonnenblumenöl
Mehl zum Bestreuen der Arbeitsplatte

Nährwerte

253,7 kcal
35,4 g Kohlenhydrate
10,2 g Fett
5,5 g Eiweiß

1 Nehmen Sie eine Schüssel und geben Sie das Mehl, den Zucker, die Hefe sowie das Salz hinein. Vermischen Sie die Zutaten mit den Händen und kneten Sie die Butter gut in die Mischung hinein. Fügen Sie die Milch sowie das vorher verquirlte Ei hinzu und vermengen Sie alles, bis es einen Teig ergibt.

2 Den Teig aus der Schüssel nehmen, auf eine mit etwas Mehl bestreute Fläche legen und etwa zehn Minuten durchkneten. Eine zweite, saubere Schüssel leicht einfetten, den Teig hineingeben und abgedeckt für ca. eine Stunde an einen warmen Ort stellen. Danach sollte der Teig etwa doppelt so groß sein. Anschließend den Teig in zwölf möglichst gleich große Teile schneiden und diese jeweils zu einer Kugel formen. Alle Kugeln auf ein Stück Backpapier legen und abgedeckt etwa eine halbe Stunde erneut an einen warmen Ort stellen.

3 Einen tiefen Topf nehmen und darin das Sonnenblumenöl auf ca. 170 °C erhitzen. Zunächst drei Donuts vom Backpapier nehmen und zum Ausbacken vorsichtig in das erhitzte Öl geben. Sie müssen zwischen einer halben und einer Minute von jeder Seite gegart werden, bis sie goldbraun sind. Die Donuts danach aus dem Topf nehmen und zum Abtropfen auf ein Stück Küchenpapier legen, bis sie etwas abgekühlt sind.

4 In jeden Donut ein Loch für die Füllung stechen, z. B. mit dem Stiel eines TLs. Die Karamellsoße in einen Spritzbeutel geben und mit diesem dann jeweils etwas in die Donuts füllen.

Hinweis: Gegenüber selbstgemachter Karamellsoße bleibt gekaufte bei Zimmertemperatur weich und ist deshalb besser verwendbar.

KARAMELL-DONUTS MIT MEERSALZKICK

12 Stück

180 Min.

Mittel

Zutaten

120 ml Vollmilch, lauwarm
225 g Weizenmehl, Typ 550
65 g gekühlte, gewürfelte Butter
1,5 TL Trockenhefe
1 Ei
1 Prise Salz
1 EL Zucker
15 g Meersalzflocken
100 ml und extra 4-5 EL Dulce de Leche

Außerdem

1 l Sonnenblumenöl
Mehl zum Bestreuen der Arbeitsplatte

Nährwerte

490 kcal
79,0 g Kohlenhydrate
12,1 g Fett
15,4 g Eiweiß

1 Nehmen Sie eine Schüssel und geben Sie das Mehl, den Zucker, die Hefe sowie das Salz hinein. Vermischen Sie die Zutaten mit den Händen und kneten Sie die Butter gut in die Mischung hinein. Fügen Sie die Milch sowie das vorher verquirlte Ei hinzu und vermengen Sie alles, bis es einen Teig ergibt.

2 Den Teig aus der Schüssel nehmen, auf eine mit etwas Mehl bestreute Fläche legen und etwa zehn Minuten durchkneten. Eine zweite, saubere Schüssel leicht einfetten, den Teig hineingeben und abgedeckt für ca. eine Stunde an einen warmen Ort stellen. Danach sollte der Teig etwa doppelt so groß sein. Anschließend den Teig in zwölf möglichst gleich große Teile schneiden und diese jeweils zu einer Kugel formen.

3 Schneiden Sie aus Backpapier zwölf etwa zehn mal zehn Zentimeter große Stücke aus und legen Sie diese auf ein Backblech. Platzieren Sie nun die Kugeln jeweils auf einem Stück Backpapier, decken Sie sie erneut ab und stellen Sie sie für etwa eine halbe Stunde zum Ruhen an einen warmen Ort.

4 Einen tiefen Topf nehmen und darin das Sonnenblumenöl auf ca. 170 °C erhitzen. Zunächst drei Donuts vom Backpapier nehmen und zum Ausbacken vorsichtig in das erhitzte Öl geben. Sie müssen zwischen einer halben und einer Minute von jeder Seite gegart werden, bis sie goldbraun sind. Die Donuts danach aus dem Topf nehmen und zum Abtropfen auf ein Stück Küchenpapier legen, bis sie etwas abgekühlt sind.

5 In jeden Donut ein Loch für die Füllung stechen, z. B. mit dem Stiel eines TLs. Etwa vier bis fünf EL Dulce de Leche (Herstellung siehe Rezept „Donuts mit Milch-Karamell-Glasur“) in einen Spritzbeutel geben und mit diesem dann jeweils etwas in die Donuts füllen.

6 Zum Glasieren jeweils etwas Dulce de Leche mit z. B. einem Silikonpinsel oder einem Metallspatel auf der Oberseite der Donuts verteilen und im Anschluss alle mit den Meersalzflocken bestreuen.

Gefüllte Donuts mit Rührteig

DONUTS MIT SCHWARZWÄLDER-KIRSCH-FÜLLUNG

12 Stück

90 Min.

Mittel

Zutaten

150 ml Vollmilch
150 ml Schlagsahne
275 g Weizenmehl, Typ 405
100 g Butter, weich
1 TL Vanilleextrakt
2 TL Backpulver
2 Eier
1 Prise Salz
150 g Zucker
100 g Kirschmarmelade
30 g Kakaopulver, ungesüßt
150 ml Crème double
100 g Zartbitterschokolade, dunkel
2 EL Zuckersirup, hell

Außerdem

Etwas weiche Butter für das Einfetten

Nährwerte

322 kcal
42,2 g Kohlenhydrate
14,2 g Fett
5,3 g Eiweiß

1 Zunächst stellen Sie zum Vorheizen Ihren Backofen auf 180 °C ein. Danach fetten Sie eine Donut-Backform für zwölf Donuts gut ein.

2 Nehmen Sie eine Schüssel und geben Sie den Zucker, die Butter sowie das Vanilleextrakt hinein. Alles gut vermengen, bis eine cremige Masse entsteht. Dabei nacheinander die zwei Eier mit unterrühren. Anschließend das Backpulver, das Mehl, das Kakaopulver und das Salz hinzugeben und die Masse erneut gut verrühren. Danach die Milch sowie 50 Milliliter Buttermilch hinzufügen und alles vermengen.

3 Einen Spritzbeutel zur Hand nehmen, den Teig hineinfüllen und damit in die zwölf runden Vertiefungen der Backform spritzen. Sie können zum Hineingeben jedoch auch einen TL verwenden.

4 Die Backform in den Ofen auf die mittlere Schiene schieben. Die Backzeit beträgt ca. eine Viertelstunde. Die Donuts sollten dann goldbraun sein. Nehmen Sie die Form aus dem Backofen, warten Sie jedoch noch etwa fünf Minuten, bis Sie die Donuts aus den Mulden herausnehmen und auf ein Kuchengitter legen.

5 Alle Donuts waagerecht in der Mitte halbieren, wie z. B. einen Bagel. Danach eine Hälfte eines Donuts mit Kirschmarmelade sowie etwas Schlagsahne bestreichen und die zweite Hälfte wieder vorsichtig obendrauf setzen. Achten Sie darauf, dass möglichst keine Füllung an den Seiten hinausläuft. Den beschriebenen Vorgang mit den anderen Donuts wiederholen.

6 Abschließend nehmen Sie einen Topf, der antihaftbeschichtet ist, und erhitzen darin die in kleine Stücke gebrochene Zartbitterschokolade, den Zuckersirup sowie die Crème double, bis die Schokolade vollständig geschmolzen und eine glatte Masse entstanden ist. Den Topf vom Herd nehmen und die Glasur z. B. mit einem TL auf die noch warmen Donuts geben und danach trocknen lassen.

DONUTS GEFÜLLT MIT SCHOKOPUDDING

12 Stück

25 Min.

Mittel

Zutaten

280 ml Vollmilch
150 g Weizenmehl, Typ 405
80 g und extra 40 g Zucker
75 g und extra
125 g Schlagsahne
3 EL Pflanzenöl
1 TL Vanillezucker
2 TL Backpulver
2 Eier
2-3 Blatt weiße Gelatine
1 Packung Puddingpulver Schoko

Außerdem

Etwas weiche Butter für das Einfetten

Nährwerte

221 kcal
27,7 g Kohlenhydrate
10,4 g Fett
4,12 g Eiweiß

1 Zunächst stellen Sie zum Vorheizen Ihren Backofen auf 180 °C ein. Danach fetten Sie eine Donut-Backform für zwölf Donuts gut ein.

2 Nehmen Sie eine Schüssel und schlagen Sie 75 Gramm Sahne zunächst fast steif. Dann geben Sie die Eier, den Vanillezucker sowie 80 Gramm Zucker dazu und vermengen alles sorgfältig. Rühren Sie dann ebenfalls das Öl mit hinein. Mischen Sie das Backpulver mit dem Mehl und geben Sie die fertige Mischung ebenfalls in den Teig. Vermengen Sie alles, bis eine cremige Masse entstanden ist. Einen Spritzbeutel zur Hand nehmen, den Teig hineinfüllen und damit in die zwölf runden Vertiefungen der Backform spritzen. Sie können zum Hineingeben jedoch auch einen TL verwenden.

3 Die Backform in den Ofen auf die mittlere Schiene schieben. Die Backzeit beträgt ca. 15 bis 20 Minuten. Die Donuts sollten dann goldbraun sein. Nehmen Sie die Form aus dem Backofen, warten Sie jedoch noch etwa fünf Minuten, bis Sie die Donuts aus den Mulden herausnehmen und auf ein Kuchengitter legen.

4 In der Zwischenzeit weichen Sie die Gelatine in kaltem Wasser ein. Kochen Sie außerdem den Pudding nach Packungsanleitung. Wenn dieser fertig ist, nehmen Sie den Topf vom Herd und lösen im Pudding die ausgedrückte Gelatine auf. Danach füllen Sie alles in eine Rührschüssel um, decken diese mit Klarsichtfolie ab und lassen den Pudding abkühlen.

5 Nun schlagen Sie die restliche Sahne steif und mischen diese in den abgekühlten Pudding. Anschließend die Mischung erneut für etwa eine halbe Stunde kaltstellen.

6 Alle Donuts waagerecht in der Mitte halbieren, wie z. B. einen Bagel. Danach die untere Hälfte eines Donuts mit dem Pudding bestreichen. Dann die obere Donut-Hälfte wieder vorsichtig obendrauf setzen. Achten Sie darauf, dass möglichst keine Füllung an den Seiten hinausläuft. Den beschriebenen Vorgang mit den anderen Donuts wiederholen. Abschließend die Oberseite der Donuts mit Puderzucker bestreuen.

DONUT-KOKOSRINGE

15 Stück

35 Min.

Mittel

Zutaten

350 ml Milch
125 ml Naturjoghurt
100 ml Eierlikör
200 g Butter
160 g Weizenmehl, Typ 405
100 g Zucker
60 g Kokosraspeln
40 g Puderzucker und 2 EL zum Bestreuen
1 EL Kakaopulver
2 Pkg Puddingpulver mit Vanillegeschmack
1 Pkg Vanillezucker
0,5 Pkg Backpulver
2 Eier

Außerdem

Etwas weiche Butter für das Einfetten

Nährwerte

276,4 kcal
27,2 g Kohlenhydrate
16 g Fett
3,5 g Eiweiß

1 Zunächst stellen Sie zum Vorheizen Ihren Backofen auf 180 °C ein. Danach fetten Sie eine Donut-Backform gut ein.

2 Nehmen Sie eine Schüssel und rühren Sie darin 100 Gramm Butter cremig, geben Sie dann die Eier und den Zucker dazu und vermischen Sie alles erneut. Anschließend geben Sie noch das Mehl, eine Packung Vanillezucker, das Backpulver, den Joghurt, das Kakaopulver, eine Packung Puddingpulver sowie die Kokosraspeln hinein und vermengen alles sorgfältig, bis eine cremige Masse entstanden ist.

3 Einen Spritzbeutel zur Hand nehmen, den Teig hineinfüllen und damit in die zwölf runden Vertiefungen der Backform spritzen. Sie können zum Hineingeben jedoch auch einen TL verwenden.

4 Die Backform in den Ofen auf die mittlere Schiene schieben. Die Backzeit beträgt ca. 15 bis 20 Minuten. Die Donuts sollten dann goldbraun sein. Nehmen Sie die Form aus dem Backofen, warten Sie jedoch noch etwa fünf Minuten, bis Sie die Donuts aus den Mulden herausnehmen und auf ein Kuchengitter legen.

5 In der Zwischenzeit kochen Sie den Pudding nach Packungsanleitung. Wenn dieser fertig ist, nehmen Sie den Topf vom Herd und rühren den Eierlikör hinein. Danach füllen Sie alles in eine Rührschüssel um, decken diese mit Klarsichtfolie ab und lassen den Pudding abkühlen.

6 Geben Sie die Butter sowie den Puderzucker in eine Schüssel und rühren Sie beides cremig. Geben Sie diese Mischung dann zum Pudding und vermengen Sie beides. Danach die Creme etwa eine Viertelstunde kaltstellen.

7 Alle Donuts waagerecht in der Mitte halbieren, wie z. B. einen Bagel. Danach die untere Hälfte eines Donuts mit der Puddingcreme bestreichen. Dann die obere Donut-Hälfte wieder vorsichtig obendrauf setzen. Achten Sie darauf, dass möglichst keine Füllung an den Seiten hinausläuft. Den beschriebenen Vorgang mit den anderen Donuts wiederholen.

8 Abschließend die Oberseite der Donuts mit Puderzucker bestreuen.

Vegetarische und vegane Donuts

VEGANE DONUTS MIT SCHOKOLADE

12 Stück | 60 Min. | Leicht

Zutaten

200 g Weizenmehl (405)
150 g Zucker
100 g Puderzucker
100 g Schokolade, vegan
5 EL flüssige Margarine
2 TL Backpulver
1 TL Vanillearoma
1 TL Apfelessig
0,5 TL Zimt, gemahlen
180 ml Milchalternative, pflanzlich
1 Prise Salz
Etwas Wasser oder Zitronensaft
Zuckerstreusel als Streudeko

Nährwerte

236,9 kcal
38,6 g Kohlenhydrate
7,3 g Fett
3,7 g Eiweiß

1 Zunächst stellen Sie zum Vorheizen Ihren Backofen auf 180 °C ein. Danach fetten Sie eine Donut-Backform für zwölf Donuts gut ein.

2 Nehmen Sie eine Schüssel und geben Sie den Zucker, das Mehl, das Backpulver sowie den Zimt und das Salz hinein. Alles gut vermengen.

3 Anschließend den Apfelessig, die pflanzliche Milchalternative, das Vanillearoma sowie die flüssige Margarine hinzugeben und die Masse erneut gut verrühren.

4 Einen Spritzbeutel zur Hand nehmen, den Teig hineinfüllen und damit in die zwölf runden Vertiefungen der Backform spritzen. Sie können zum Hineingeben jedoch auch einen TL verwenden.

5 Die Backform in den Ofen, auf die mittlere Schiene, schieben. Die Backzeit beträgt ca. eine Viertelstunde. Die Donuts sollten dann goldbraun sein. Nehmen Sie die Form aus dem Backofen, warten Sie jedoch noch etwa fünf Minuten, bis Sie die Donuts aus den Mulden herausnehmen und auf ein Kuchengitter legen.

6 Nehmen Sie einen Topf, der antihaftbeschichtet ist, und erhitzen Sie darin die in kleine Stücke zerbrochene, vegane Schokolade, bis sie vollständig geschmolzen und eine glatte Masse entstanden ist. Den Topf vom Herd nehmen und die Glasur z. B. mit einem TL auf die noch warmen Donuts geben oder diese mit der Oberseite so in die Schokolade tauchen, dass auch etwas an den Seiten hinunter läuft. Danach mit den Zuckerstreuseln dekorieren.

KLASSISCHE VEGANE DONUTS MIT PUDERZUCKER

12 Stück

130 Min.

Leicht

Zutaten

450 g Weizenmehl (405)
150 g Zucker
100 g Puderzucker
125 g Margarine, vegan
0,5 TL Salz
200 ml lauwarme Sojamilch, Vanille
1 Päckchen Hefe
Etwas Wasser oder Zitronensaft

Außerdem
Etwas Pflanzenöl zum Frittieren
Mehl zum Bestreuen der Arbeitsplatte

Nährwerte

297,4 kcal
48,3 g Kohlenhydrate
9,2 g Fett
4,7 g Eiweiß

1 Nehmen Sie eine Schüssel und geben Sie das Mehl hinein. Formen Sie dann in der Mitte eine kleine Mulde, geben Sie dort die zerkleinerte Hefe sowie einen EL Zucker und vier EL Sojamilch hinein. Vermischen Sie alles zu einem Teig. Decken Sie dann die Schüssel ab und lassen Sie den Teig etwa eine Viertelstunde ruhen.

2 Nehmen Sie eine Schüssel und geben Sie die Margarine, die restliche Sojamilch sowie den übrigen Zucker hinein. Alles gut vermengen. Danach den Teig erneut ca. eine halbe Stunde gehen lassen.

3 Den Teig aus der Schüssel nehmen, auf eine mit etwas Mehl bestreute Fläche legen und etwa zehn Minuten durchkneten. Danach den Teig so ausrollen, dass er etwa zwei Zentimeter dick ist. Stechen Sie mit einem Donut-Ausstecher zwölf Kreise aus und danach aus diesen jeweils aus der Mitte einen Kreis von drei Zentimetern.

4 Schneiden Sie nun aus Backpapier acht etwa zehn mal zehn Zentimeter große Stücke und legen Sie diese auf ein bzw. mehrere Backbleche. Platzieren Sie darauf jeweils einen ausgestochenen Teigkreis und lassen Sie alles etwa zwanzig Minuten lang ruhen.

5 Erhitzen Sie dann das Pflanzenöl in einem Topf oder einer Fritteuse auf 190 °C.

6 Danach zunächst jeweils zwei Donuts vom Backpapier nehmen und zum Ausbacken vorsichtig in das erhitzte Öl geben. Die Donuts müssen insgesamt etwa drei Minuten ausgebacken werden. Diese werden dann aus dem Topf bzw. der Fritteuse genommen und zum Abtropfen auf ein Stück Küchenpapier gelegt, bis sie etwas abgekühlt sind.

7 Abschließend den Puderzucker auf einem Teller verteilen und die noch warmen Donuts mit der Oberseite hineintauchen.

VEGANE DONUTS MIT ZIMT UND ZUCKER

6 Stück

80 Min.

Leicht

Zutaten

130 g Dinkelmehl, fein
100 g Rohrzucker oder Kokosblütenzucker
82 g ungesüßtes Apfelmus
4 g Backpulver
3,5 g Trockenhefe
2,6 g Zimt, gemahlen
0,5 TL Vanille, gemahlen
125 ml Mandelmilch, lauwarm
30 ml Brat- bzw. Backöl
1 Prise Meersalz

Außerdem
Mehl zum Bestreuen der Arbeitsplatte
Zitronensaft

Nährwerte

157,6 kcal
35,4 g Kohlenhydrate
0,4 g Fett
2,5 g Eiweiß

1 Zunächst stellen Sie zum Vorheizen Ihren Backofen auf 175 °C ein. Danach fetten Sie eine Donut-Backform für zwölf Donuts gut ein.

2 Nehmen Sie eine Schüssel und geben Sie die Mandelmilch sowie die Hefe hinein. Dann 50 Gramm Zucker hinzugeben und alles gut vermengen.

3 Anschließend das Öl, das Apfelmus, das Backpulver, das Mehl, das Salz sowie die Vanille hineinmischen und die Masse erneut gut verrühren, bis ein glatter Teig entstanden ist.

4 Einen Spritzbeutel zur Hand nehmen, den Teig hineinfüllen und damit in die sechs runden Vertiefungen der Backform spritzen. Sie können zum Hineingeben jedoch auch einen TL verwenden.

5 Die Backform in den Ofen auf die mittlere Schiene schieben. Die Backzeit beträgt ca. 15 bis 20 Minuten. Die Donuts sollten dann goldbraun sein. Nehmen Sie die Form aus dem Backofen, warten Sie jedoch noch etwa fünf Minuten, bis Sie die Donuts aus den Mulden herausnehmen und auf ein Kuchengitter legen.

6 Nehmen Sie einen Topf und erhitzen Sie darin d Margarine. Auf einem Teller vermischen Sie außer dem den Zimt sowie den restlichen Zucker. Die Ma garine leicht erhitzen, den Topf vom Herd nehmen und die Margarine z. B. mit einem TL auf den noch warmen Donuts verteilen. Dann diese mit der Obe seite in die Zucker-Zimt-Mischung tauchen.

DONUTS MIT KOKOSMILCH-ZITRONEN-GLASUR

12 Stück

180 Min.

Mittel

Zutaten

375 g Weizenmehl, Typ 405
150 g Puderzucker
25 g Speisestärke
3 EL Öl, geschmacksneutral
2-3 EL Zitronensaft
0,25 TL Salz
180 ml Kokosmilch, Vollfett
120 ml Wasser, warm
60 ml Ahornsirup oder Reissirup oder Agavendicksaft, alternativ: 60 g Zucker und
2-3 EL Wasser
1 Paket (7 g) Trockenhefe
Streudeko nach Wahl

Außerdem

Öl zum Frittieren
Mehl zum Bestreuen der Arbeitsplatte

Nährwerte

243,2 kcal
42,2 g Kohlenhydrate
6,2 g Fett
3,8 g Eiweiß

1 Nehmen Sie eine Schüssel und geben Sie das Mehl, die Hefe, das Salz, das Öl, den Zucker sowie das lauwarme Wasser bzw. alternativ dazu Agavendicksaft oder Ahorn- bzw. Reissirup und die Kokosmilch hinein. Mischen Sie alles zu einem Teig und kneten Sie diesen etwa zehn Minuten. Decken Sie dann die Schüssel ab und lassen Sie den Teig etwa eine halbe bis eine Stunde gehen. Der Teig sollte sich dann verdoppelt haben.

2 Den Teig aus der Schüssel nehmen, auf eine mit etwas Mehl bestreute Fläche legen und etwa zehn Minuten durchkneten. Danach den Teig so ausrollen, dass er etwa zwei Zentimeter dick ist. Stechen Sie mit einem Donut-Ausstecher zwölf Kreise aus und danach aus diesen jeweils aus der Mitte einen Kreis von drei Zentimetern.

3 Schneiden Sie nun aus Backpapier acht etwa zehn mal zehn Zentimeter große Stücke und legen Sie diese auf ein bzw. mehrere Backbleche. Platzieren Sie darauf jeweils einen ausgestochenen Teigkreis und lassen Sie alles ca. eine Stunde lang ruhen.

4 Erhitzen Sie dann das Öl in einem Topf auf ca. 120 °C.

5 Danach zunächst jeweils zwei Donuts vom Backpapier nehmen und zum Ausbacken vorsichtig in das erhitzte Öl geben.

6 Die Donuts müssen insgesamt etwa drei Minuten ausgebacken werden. Diese werden dann aus dem Topf genommen und zum Abtropfen auf ein Stück Küchenpapier gelegt, bis sie etwas abgekühlt sind.

7 Für die Glasur nehmen Sie eine kleine Schüssel und vermischen darin den Puderzucker mit den zwei bis drei EL Kokosmilch und dem Zitronensaft, bis eine glatte Masse entstanden ist.

8 Bestreichen Sie abschließend die Oberseite der Donuts mit der fertigen Glasur und garnieren Sie sie mit der Streudeko Ihrer Wahl.

Donut-Varianten mit Hefe

DONUTS OHNE EI

12
Stück

160 Min.

Mittel

Zutaten

120 ml Vollmilch, lauwarm
225 g Weizenmehl, Typ 550
65 g gekühlte, gewürfelte und
2 EL geschmolzene Butter
300 g Puderzucker
1 EL Zucker
1,5 TL Trockenhefe
1 Prise Salz
4 EL bunte Streusel
1,5 EL Wasser

Außerdem
1 l Sonnenblumenöl
Mehl zum Bestreuen
der Arbeitsplatte

Nährwerte

235,3 kcal
40,6 g Kohlenhydrate
6,8 g Fett
2,4 g Eiweiß

1 Nehmen Sie eine Schüssel und geben Sie das Mehl, den Zucker, die Hefe sowie das Salz hinein. Vermischen Sie die Zutaten mit den Händen und kneten Sie die 65 Gramm gekühlte, gewürfelte Butter gut in die Mischung hinein. Fügen Sie die Milch sowie das vorher verquirlte Ei hinzu und vermengen Sie alles, bis es einen Teig ergibt. Den Teig aus der Schüssel nehmen, auf eine mit etwas Mehl bestreute Fläche legen und etwa zehn Minuten durchkneten. Eine zweite, saubere Schüssel leicht einfetten, den Teig hineingeben und abgedeckt für ca. eine Stunde an einen warmen Ort stellen. Danach sollte der Teig etwa doppelt so groß sein. Anschließend den Teig erneut auf eine leicht mit Mehl bestreute Arbeitsfläche legen und so ausrollen, dass er ca. einen Zentimeter dick ist. Den Donut-Ausstecher zur Hand nehmen und zwölf Ringe ausstechen.

2 Schneiden Sie nun aus Backpapier zwölf etwa zehn mal zehn Zentimeter große Stücke und legen Sie diese auf ein Backblech. Platzieren Sie die ausgestochenen Ringe auf jeweils einem Stück Backpapier. Diese abgedeckt erneut für etwa eine halbe Stunde an einen warmen Ort stellen.

3 Einen tiefen Topf nehmen und darin das Sonnenblumenöl auf ca. 170 °C erhitzen. Zunächst drei Donuts vom Backpapier nehmen und zum Ausbacken vorsichtig in das erhitzte Öl geben. Sie müssen zwischen einer halben und einer Minute von jeder Seite gegart werden, bis sie goldbraun sind. Diese werden dann aus dem Topf genommen und zum Abtropfen auf ein Stück Küchenpapier gelegt, bis sie etwas abgekühlt sind.

4 Für die Glasurherstellung nehmen Sie eine kleine Schüssel, füllen das Wasser, die zwei EL geschmolzene Butter und den Puderzucker hinein und vermischen alles miteinander. Glasieren Sie dann die Oberseite der noch warmen Donuts und streuen Sie anschließend noch die bunten Streusel darauf.

DONUTS MIT VOLLKORNMEHL

12 Stück

160 Min.

Mittel

Zutaten

120 ml Vollmilch, lauwarm
225 g Vollkornmehl
65 g gekühlte, gewürfelte Butter
1 EL Zucker
120 g Rohrzucker
1,5 TL Trockenhefe
1 Prise Salz
1 Ei

Außerdem
1 l Sonnenblumenöl
Mehl zum Bestreuen der Arbeitsplatte

Nährwerte

158,4 kcal
23 g Kohlenhydrate
5,7 g Fett
2,8 g Eiweiß

1 Nehmen Sie eine Schüssel und geben Sie das Mehl, den Zucker, die Hefe sowie das Salz hinein. Vermischen Sie die Zutaten mit den Händen und kneten Sie die 65 Gramm gekühlte, gewürfelte Butter gut in die Mischung hinein. Fügen Sie die Milch sowie das vorher verquirlte Ei hinzu und vermengen Sie alles, bis es einen Teig ergibt.

2 Den Teig aus der Schüssel nehmen, auf eine mit etwas Mehl bestreute Fläche legen und etwa zehn Minuten durchkneten. Eine zweite, saubere Schüssel leicht einfetten, den Teig hineingeben und abgedeckt für ca. eine Stunde an einen warmen Ort stellen. Danach sollte der Teig etwa doppelt so groß sein. Anschließend den Teig erneut auf eine leicht mit Mehl bestreute Arbeitsfläche legen und so ausrollen, dass er ca. einen Zentimeter dick ist. Den Donut-Ausstecher zur Hand nehmen und zwölf Ringe ausstechen.

3 Schneiden Sie nun aus Backpapier zwölf etwa zehn mal zehn Zentimeter große Stücke und legen Sie diese auf ein Backblech. Platzieren Sie die ausgestochenen Ringe auf jeweils einem Stück Backpapier. Diese abgedeckt erneut für etwa eine halbe Stunde an einen warmen Ort stellen.

4 Einen tiefen Topf nehmen und darin das Sonnenblumenöl auf ca. 170 °C erhitzen. Zunächst drei Donuts vom Backpapier nehmen und zum Ausbacken vorsichtig in das erhitzte Öl geben. Sie müssen zwischen einer halben und einer Minute von jeder Seite gegart werden, bis sie goldbraun sind. Diese werden dann aus dem Topf genommen und zum Abtropfen auf ein Stück Küchenpapier gelegt, bis sie etwas abgekühlt sind.

5 Abschließend den Rohrzucker auf einem Teller verteilen und die noch warmen Donuts von beiden Seiten darin wälzen.

SÜSSE SCHASCHLIKSPIESSE

12 Stück

160 Min.

Mittel

Zutaten

120 ml Vollmilch, lauwarm
225 g Weizenmehl, Typ 550
65 g gekühlte, gewürfelte Butter
1 EL und extra 120 g Zucker
1,5 TL Trockenhefe
1 Prise Salz
1 Ei

Außerdem
1 l Sonnenblumenöl
Mehl zum Bestreuen der Arbeitsplatte
Holzstäbchen

Nährwerte

161,3 kcal
24,9 g Kohlenhydrate
5,5 g Fett
2,7 g Eiweiß

1 Nehmen Sie eine Schüssel und geben Sie das Mehl, den Zucker, die Hefe sowie das Salz hinein. Vermischen Sie die Zutaten mit den Händen und kneten Sie die Butter gut in die Mischung hinein. Fügen Sie die Milch sowie das vorher verquirlte Ei hinzu und vermengen Sie alles, bis es einen Teig ergibt.

2 Den Teig aus der Schüssel nehmen, auf eine mit etwas Mehl bestreute Fläche legen und etwa zehn Minuten durchkneten. Eine zweite, saubere Schüssel leicht einfetten, den Teig hineingeben und abgedeckt für ca. eine Stunde an einen warmen Ort stellen. Danach sollte der Teig etwa doppelt so groß sein. Anschließend den Teig in 36 möglichst gleich große Stücke schneiden und zu kleinen glatten Kugeln formen.

3 Schneiden Sie nun aus Backpapier 36 etwa zehn mal zehn Zentimeter große Stücke und legen Sie diese auf ein bzw. mehrere Backbleche. Platzieren Sie die hergestellten Kugeln auf jeweils einem Stück Backpapier. Diese abgedeckt erneut für etwa eine halbe Stunde an einen warmen Ort stellen.

4 Einen tiefen Topf nehmen und darin das Sonnenblumenöl auf ca. 170 °C erhitzen. Zunächst etwa acht Donuts vom Backpapier nehmen und zum Ausbacken vorsichtig in das erhitzte Öl geben. Sie müssen zwischen einer halben und einer Minute von jeder Seite gegart werden, bis sie goldbraun sind. Diese werden dann aus dem Topf genommen und zum Abtropfen auf ein Stück Küchenpapier gelegt, bis sie etwas abgekühlt sind.

5 Danach die 120 Gramm Zucker auf einem Teller verteilen und die Donuts so darin wälzen, dass sie komplett mit Zucker bedeckt sind.

6 Abschließend die Holzstäbchen zur Hand nehmen und immer drei der Donuts auf ein Stäbchen spießen.

DONUTS MIT BUTTERMILCHGLASUR

12
Stück

160
Min.

Leicht

Zutaten

4 EL Vollmilch, lauwarm
4 EL und extra 2 EL Buttermilch
225 g Weizenmehl, Typ 550
65 g gekühlte, gewürfelte Butter
1 EL Zucker
300 g Puderzucker
1,5 TL Trockenhefe
1 Prise Salz
1 Ei
4 EL Himbeermarmelade
3 Himbeeren

Außerdem
1 l Sonnenblumenöl
Mehl zum Bestreuen der Arbeitsplatte

Nährwerte

223,4 kcal
40,6 g Kohlenhydrate
5,3 g Fett
2,94 g Eiweiß

1 Nehmen Sie eine Schüssel und geben Sie das Mehl, den Zucker, die Hefe sowie das Salz hinein. Vermischen Sie die Zutaten mit den Händen und kneten Sie die Butter gut in die Mischung hinein. Fügen Sie die Milch, vier EL Buttermilch sowie das vorher verquirlte Ei hinzu und vermengen Sie alles, bis es einen Teig ergibt. Den Teig aus der Schüssel nehmen, auf eine mit etwas Mehl bestreute Fläche legen und etwa zehn Minuten durchkneten. Eine zweite, saubere Schüssel leicht einfetten, den Teig hineingeben und abgedeckt für ca. eine Stunde an einen warmen Ort stellen. Danach sollte der Teig etwa doppelt so groß sein. Anschließend den Teig in zwölf möglichst gleich große Stücke schneiden und zu kleinen glatten Kugeln formen. Schneiden Sie nun aus Backpapier 72 etwa zehn mal zehn Zentimeter große Stücke und legen Sie diese auf ein bzw. mehrere Backbleche. Platzieren Sie die hergestellten Kugeln auf jeweils einem Stück Backpapier. Diese abgedeckt erneut für etwa eine halbe Stunde an einen warmen Ort stellen.

2 Einen tiefen Topf nehmen und darin das Sonnenblumenöl auf ca. 170 °C erhitzen. Zunächst maximal drei Donuts vom Backpapier nehmen und zum Ausbacken vorsichtig in das erhitzte Öl geben. Sie müssen zwischen einer halben und einer Minute von jeder Seite gegart werden, bis sie goldbraun sind. Diese werden dann aus dem Topf genommen und zum Abtropfen auf ein Stück Küchenpapier gelegt, bis sie etwas abgekühlt sind. In jeden Donut ein Loch für die Füllung stechen, z. B. mit dem Stiel eines TLs. Die Marmelade in einen Spritzbeutel geben und mit diesem dann jeweils etwas in den Donut füllen.

3 Für die Herstellung der Glasur zunächst die Himbeeren zerkleinern und diese dann mit der restlichen Buttermilch sowie dem Puderzucker verrühren, bis eine Flüssigkeit entsteht. Danach die noch warmen Donuts mit der Oberseite in die Glasur tauchen und dann trocknen und abkühlen lassen.

DONUTS MIT POLENTA UND HONIGFÜLLUNG

12 Stück

160 Min.

Mittel

Zutaten

120 ml Vollmilch, lauwarm
150 g Weizenmehl, Typ 550
65 g gekühlte, gewürfelte Butter
1 EL Zucker
120 g Puderzucker
1,5 TL Trockenhefe
1 Prise Salz
75 g Polenta
150 ml Honig, klar

Außerdem

1 l Sonnenblumenöl
Mehl zum Bestreuen der Arbeitsplatte

Nährwerte

205,5 kcal
34,5 g Kohlenhydrate
5,2 g Fett
4,3 g Eiweiß

1 Nehmen Sie eine Schüssel und geben Sie das Mehl, den Zucker, die Hefe sowie das Salz hinein. Vermischen Sie die Zutaten mit den Händen und kneten Sie die Butter sowie die Polenta gut in die Mischung hinein. Fügen Sie die Milch hinzu und vermengen Sie alles, bis es einen Teig ergibt. Den Teig aus der Schüssel nehmen, auf eine mit etwas Mehl bestreute Fläche legen und etwa zehn Minuten durchkneten. Eine zweite, saubere Schüssel leicht einfetten, den Teig hineingeben und abgedeckt für ca. eine Stunde an einen warmen Ort stellen. Danach sollte der Teig etwa doppelt so groß sein. Anschließend den Teig in zwölf möglichst gleich große Stücke schneiden und zu kleinen glatten Kugeln formen.

2 Schneiden Sie nun aus Backpapier 72 etwa zehn mal zehn Zentimeter große Stücke und legen Sie diese auf ein bzw. mehrere Backbleche. Platzieren Sie die hergestellten Kugeln auf jeweils einem Stück Backpapier. Diese abgedeckt erneut für etwa eine halbe Stunde an einen warmen Ort stellen.

3 Einen tiefen Topf nehmen und darin das Sonnenblumenöl auf ca. 170 °C erhitzen.

4 Zunächst maximal drei Donuts vom Backpapier nehmen und zum Ausbacken vorsichtig in das erhitzte Öl geben. Sie müssen zwischen einer halben und einer Minute von jeder Seite gegart werden, bis sie goldbraun sind. Diese werden dann aus dem Topf genommen und zum Abtropfen auf ein Stück Küchenpapier gelegt, bis sie etwas abgekühlt sind. In jeden Donut ein Loch für die Füllung stechen, z. B. mit dem Stiel eines TLs.

5 Den klaren Honig in einen Spritzbeutel geben und mit diesem dann jeweils etwas in den Donut füllen.

6 Für die Herstellung der Glasur den Puderzucker auf einem Teller verteilen. Danach die noch warmen Donuts komplett darin wälzen, sodass sie überall gut bedeckt sind.

DONUTS MIT CRÈME-BRÛLÉE-GLASUR

12 Stück

180 Min.

Mittel

Zutaten

120 ml Vollmilch, lauwarm
225 g Weizenmehl, Typ 550
65 g gekühlte, gewürfelte Butter
1 EL und extra 170 g Zucker
1,5 TL Trockenhefe
1 Prise Salz
1 Ei und 3 Eigelb
Mark 1 Vanilleschote
250 g Crème double

Außerdem
1 l Sonnenblumenöl
Mehl zum Bestreuen der Arbeitsplatte

Nährwerte

280,7 kcal
29,9 g Kohlenhydrate
15,9 g Fett
4,2 g Eiweiß

1 Bereiten Sie zu Beginn zunächst die Füllung zu. Geben Sie hierfür das Vanillemark sowie die Crème double in einen Topf, bringen Sie alles zum Kochen und nehmen Sie dann den Topf wieder vom Herd. Füllen Sie dann 50 Gramm Zucker sowie die drei Eigelb in eine Schüssel, die hitzebeständig ist, und schlagen Sie die Mischung schaumig. Geben Sie dann langsam die noch heiße Creme zur Eimischung, während Sie Letztere ständig umrühren. Die Masse sollte nun etwas dicker werden. Decken Sie dann die Schüssel ab und lassen Sie sie mindestens eine Stunde, am besten im Kühlschrank, abkühlen.

2 Nehmen Sie eine Schüssel und geben Sie das Mehl, einen EL Zucker, die Hefe sowie das Salz hinein. Vermischen Sie die Zutaten mit den Händen und kneten Sie die Butter gut in die Mischung hinein. Fügen Sie die Milch sowie das vorher verquirlte Ei hinzu und vermengen Sie alles, bis ein geschmeidiger Teig entstanden ist. Den Teig aus der Schüssel nehmen, auf eine mit etwas Mehl bestreute Fläche legen und etwa zehn Minuten durchkneten. Eine zweite, saubere Schüssel leicht einfetten, den Teig hineingeben und abgedeckt für ca. eine Stunde an einen warmen Ort stellen. Danach sollte der Teig etwa doppelt so groß sein. Anschließend den Teig in zwölf möglichst gleich große Stücke schneiden und zu kleinen glatten Kugeln formen. Schneiden Sie nun aus Backpapier 72 etwa zehn mal zehn Zentimeter große Stücke und legen Sie sie auf ein bzw. mehrere Backbleche. Platzieren Sie die hergestellten Kugeln auf jeweils einem Stück Backpapier. Diese abgedeckt erneut für etwa eine halbe Stunde an einen warmen Ort stellen.

3 Einen tiefen Topf nehmen und darin das Sonnenblumenöl auf ca. 170 °C erhitzen. Zunächst maximal drei Donuts vom Backpapier nehmen und zum Ausbacken vorsichtig in das erhitzte Öl geben. Sie müssen zwischen einer halben und einer Minute von jeder Seite gegart werden, bis sie goldbraun sind. Diese werden dann aus dem Topf genommen und zum Abtropfen auf ein Stück Küchenpapier gelegt, bis sie etwas abgekühlt sind. In jeden Donut ein Loch für die Füllung stechen, z. B. mit dem Stiel eines TLs. Die hergestellte Crème brûlée in einen Spritzbeutel geben und mit diesem dann jeweils etwas in den Donut füllen.

4 Für die Glasur die restlichen 120 Gramm Zucker auf einem Teller verteilen und danach die noch warmen Donuts mit der Oberseite in den Zucker tauchen. Abschließend den Zucker mit einem Gastro-Bunsenbrenner langsam zum Schmelzen bringen, bis er goldbraun ist.

DONUTS MIT PISTAZIENFÜLLUNG

12 Stück

180 Min.

Mittel

Zutaten

120 ml Vollmilch, lauwarm
225 g Weizenmehl, Typ 550
65 g gekühlte, gewürfelte Butter
1 EL und extra 100 g Zucker
1,5 TL Trockenhefe
1 Prise Salz
1 Ei
200 g Pistazien, gemahlen
2 EL und extra 100 g Honig, klar
1 TL Zimt, gemahlen
50 ml Zitronensaft

Außerdem

1 l Sonnenblumenöl
Mehl zum Bestreuen der Arbeitsplatte

Nährwerte

292,4 kcal
35,5 g Kohlenhydrate
13,1 g Fett
7 g Eiweiß

1 Nehmen Sie eine Schüssel und geben Sie das Mehl, einen EL Zucker, die Hefe sowie das Salz hinein. Vermischen Sie die Zutaten mit den Händen und kneten Sie die Butter gut in die Mischung hinein. Fügen Sie die Milch sowie das bereits verquirlte Ei hinzu und vermengen Sie alles, bis es einen Teig ergibt. Den Teig aus der Schüssel nehmen, auf eine mit etwas Mehl bestreute Fläche legen und etwa zehn Minuten durchkneten. Eine zweite, saubere Schüssel leicht einfetten, den Teig hineingeben und abgedeckt für ca. eine Stunde an einen warmen Ort stellen. Danach sollte der Teig etwa doppelt so groß sein.

2 Für die Herstellung der Pistazienpaste geben Sie nun die bereits gemahlenen Pistazien sowie zwei EL klaren Honig und 100 Gramm Zucker in eine zweite Schüssel und verrühren alles kräftig, bis eine glatte Paste entstanden ist. Anschließend den Teig erneut auf eine leicht mit Mehl bestreute Arbeitsfläche legen und so ausrollen, dass er ca. einen Zentimeter dick ist. Den Donut-Ausstecher oder eine andere Ausstechform zur Hand nehmen, die einen Durchmesser von etwa neun Zentimetern hat. Damit zwölf Ringe ausstechen. Verteilen Sie nun die hergestellte Paste auf den ausgestochenen Kreisen, klappen Sie dann den Teig zusammen und drücken Sie den Rand ringsherum zusammen. Schneiden Sie nun aus Backpapier 72 etwa zehn mal zehn Zentimeter große Stücke und legen Sie sie auf ein bzw. mehrere Backbleche. Platzieren Sie die hergestellten Teigtaschen auf jeweils einem Stück Backpapier. Diese abgedeckt erneut für etwa eine halbe Stunde an einen warmen Ort stellen.

3 Einen tiefen Topf nehmen und darin das Sonnenblumenöl auf ca. 170 °C erhitzen. Zunächst maximal drei Taschen vom Backpapier nehmen und zum Ausbacken vorsichtig in das erhitzte Öl geben. Sie müssen zwischen einer halben und einer Minute von jeder Seite gegart werden, bis sie goldbraun sind. Die Pistazientaschen werden dann aus dem Topf genommen und zum Abtropfen auf ein Stück Küchenpapier gelegt, bis sie etwas abgekühlt sind.

4 Für die Herstellung der Sirupglasur nehmen Sie eine kleine Schüssel und mischen darin 100 Gramm klaren Honig, den Zimt sowie den Zitronensaft. Danach die noch warmen Taschen komplett hineintauchen, sodass sie überall gut bedeckt sind, und auf einem Kuchengitter trocknen lassen.

DONUTS MIT HIMBEER-ERDNUSSBUTTER-FÜLLUNG

12 Stück

160 Min.

Mittel

Zutaten

120 ml Vollmilch, lauwarm
225 g Weizenmehl, Typ 550
65 g gekühlte, gewürfelte Butter
1 EL sowie extra 120 g Zucker
1,5 TL Trockenhefe
1 Prise Salz
1 Ei
65 g Erdnussbutter
65 g Himbeermarmelade

Außerdem
1 l Sonnenblumenöl
Mehl zum Bestreuen der Arbeitsplatte

Nährwerte

209,9 kcal
28,9 g Kohlenhydrate
8,3 g Fett
4,3 g Eiweiß

1 Nehmen Sie eine Schüssel und geben Sie das Mehl, einen EL Zucker, die Hefe sowie das Salz hinein. Vermischen Sie die Zutaten mit den Händen und kneten Sie die Butter gut in die Mischung hinein. Fügen Sie die Milch sowie das bereits verquirlte Ei hinzu und vermengen Sie alles, bis es einen Teig ergibt.

2 Den Teig aus der Schüssel nehmen, auf eine mit etwas Mehl bestreute Fläche legen und etwa zehn Minuten durchkneten. Eine zweite, saubere Schüssel leicht einfetten, den Teig hineingeben und abgedeckt für ca. eine Stunde an einen warmen Ort stellen. Danach sollte der Teig etwa doppelt so groß sein. Anschließend den Teig in zwölf möglichst gleich große Stücke schneiden und zu kleinen glatten Kugeln formen.

3 Schneiden Sie nun aus Backpapier 72 etwa zehn mal zehn Zentimeter große Stücke und legen Sie sie auf ein bzw. mehrere Backbleche. Platzieren Sie die hergestellten Kugeln auf jeweils einem Stück Backpapier. Diese abgedeckt erneut für etwa eine halbe Stunde an einen warmen Ort stellen.

4 Einen tiefen Topf nehmen und darin das Sonnenblumenöl auf ca. 170 °C erhitzen. Zunächst maximal drei Kugeln vom Backpapier nehmen und zum Ausbacken vorsichtig in das erhitzte Öl geben. Sie müssen zwischen einer halben und einer Minute von jeder Seite gegart werden, bis sie goldbraun sind. Diese werden dann aus dem Topf genommen und zum Abtropfen auf ein Stück Küchenpapier gelegt, bis sie etwas abgekühlt sind.

5 In jede Kugel ein Loch für die Füllung stechen, z. B. mit dem Stiel eines TLs. Die Himbeermarmelade in einen Spritzbeutel geben und mit diesem dann jeweils etwas in den Donut füllen. Danach einen neuen Spritzbeutel nehmen, hier die Erdnussbutter hineingeben und eine möglichst gleich große Menge in jede Kugel füllen. Zum Abschluss die restlichen 120 Gramm Zucker auf einem Teller verteilen und die noch warmen Donuts komplett darin wälzen.

DONUTS MIT RICOTTA- UND ORANGENFÜLLUNG

12 Stück

160 Min.

Mittel

Zutaten

120 ml Vollmilch, lauwarm
225 g Weizenmehl, Typ 550
50 g gekühlte, gewürfelte Butter
1 EL und extra 120 g Zucker
1,5 TL Trockenhefe
1 Prise Salz
1 Ei
300 g Ricotta
2 EL Orangensaft
Abgeriebene Schale einer unbehandelten Orange

Außerdem
1 l Sonnenblumenöl
Mehl zum Bestreuen der Arbeitsplatte

Nährwerte

195,8 kcal
26,2 g Kohlenhydrate
7,7 g Fett
4,9 g Eiweiß

1 Nehmen Sie eine Schüssel und geben Sie das Mehl, einen EL Zucker, die Hefe sowie das Salz hinein. Vermischen Sie die Zutaten mit den Händen und kneten Sie die Butter sowie die abgeriebene Schale einer halben, unbehandelten Orange gut in die Mischung hinein. Fügen Sie die Milch, 150 Gramm Ricotta sowie das bereits verquirlte Ei hinzu und vermengen Sie alles, bis es einen Teig ergibt.

2 Den Teig aus der Schüssel nehmen, auf eine mit etwas Mehl bestreute Fläche legen und etwa zehn Minuten durchkneten. Eine zweite, saubere Schüssel leicht einfetten, den Teig hineingeben und abgedeckt für ca. eine Stunde an einen warmen Ort stellen. Danach sollte der Teig etwa doppelt so groß sein. Anschließend den Teig in zwölf möglichst gleich große Stücke schneiden und zu kleinen glatten Kugeln formen.

3 Schneiden Sie nun aus Backpapier 72 etwa zehn mal zehn Zentimeter große Stücke und legen Sie sie auf ein bzw. mehrere Backbleche. Platzieren Sie die hergestellten Kugeln auf jeweils einem Stück Backpapier. Diese abgedeckt erneut für etwa eine halbe Stunde an einen warmen Ort stellen.

4 Einen tiefen Topf nehmen und darin das Sonnenblumenöl auf ca. 170 °C erhitzen. Zunächst maximal drei Donuts vom Backpapier nehmen und zum Ausbacken vorsichtig in das erhitzte Öl geben. Sie müssen zwischen einer halben und einer Minute von jeder Seite gegart werden, bis sie goldbraun sind. Die Kugeln werden dann aus dem Topf genommen und zum Abtropfen auf ein Stück Küchenpapier gelegt, bis sie etwas abgekühlt sind.

5 In jeden Donut ein Loch für die Füllung stechen, z. B. mit dem Stiel eines TLs. Die zwei EL Orangensaft mit dem restlichen Ricotta gut verrühren, dann die Masse in einen Spritzbeutel geben und mit diesem dann jeweils etwas in jede Kugel füllen. Abschließend die restliche abgeriebene Orangenschale mit 120 Gramm Zucker auf einem Teller verteilen und die noch warmen Donuts komplett darin wälzen.

DONUTS MIT MOZZARELLAFÜLLUNG

12 Stück | 150 Min. | Mittel

Zutaten

120 ml Vollmilch, lauwarm
225 g Weizenmehl, Typ 550
65 g gekühlte, gewürfelte Butter
1 EL Zucker und extra
120 g Zucker zum Bestreuen
4 EL Puderzucker
1,5 TL Trockenhefe
1 Prise Salz
1 Ei
12 Kugeln Mini-Mozzarella

Außerdem
1 l Sonnenblumenöl
Mehl zum Bestreuen der Arbeitsplatte

Nährwerte

334,8 kcal
28,3 g Kohlenhydrate
17,9 g Fett
14,8 g Eiweiß

1 Nehmen Sie eine Schüssel und geben Sie das Mehl, einen EL Zucker, die Hefe sowie das Salz hinein. Vermischen Sie die Zutaten mit den Händen und kneten Sie die Butter gut in die Mischung hinein. Fügen Sie die Milch sowie das bereits verquirlte Ei hinzu und vermengen Sie alles, bis es einen Teig ergibt.

2 Den Teig aus der Schüssel nehmen, auf eine mit etwas Mehl bestreute Fläche legen und etwa zehn Minuten durchkneten. Eine zweite, saubere Schüssel leicht einfetten, den Teig hineingeben und abgedeckt für ca. eine Stunde an einen warmen Ort stellen. Danach sollte der Teig etwa doppelt so groß sein. Anschließend den Teig in zwölf möglichst gleich große Stücke schneiden, zu kleinen glatten Kugeln formen, in die Mitte jeweils eine Mini-Mozzarella-Kugel hineindrücken und den Teig ringsherum schließen. Dann wieder jeweils eine kleine Kugel formen.

3 Schneiden Sie nun aus Backpapier zwölf etwa zehn mal zehn Zentimeter große Stücke und legen Sie sie auf ein bzw. mehrere Backbleche. Platzieren Sie die hergestellten Kugeln auf jeweils einem Stück Backpapier. Diese abgedeckt erneut für etwa eine halbe Stunde an einen warmen Ort stellen.

4 Einen tiefen Topf nehmen und darin das Sonnenblumenöl auf ca. 170 °C erhitzen. Zunächst maximal drei Donuts vom Backpapier nehmen und zum Ausbacken vorsichtig in das erhitzte Öl geben. Sie müssen zwischen einer halben und einer Minute von jeder Seite gegart werden, bis sie goldbraun sind. Die Kugeln werden dann aus dem Topf genommen und zum Abtropfen auf ein Stück Küchenpapier gelegt, bis sie etwas abgekühlt sind.

5 Abschließend die noch warmen Donuts auf der Oberseite mit Puderzucker bestreuen und schnell servieren, da sie am besten schmecken, solange der Mozzarellakern noch geschmolzen ist.

DONUTS MIT MAISMEHL UND KÜMMELBELAG

12 Stück

140 Min.

Mittel

Zutaten

120 ml Vollmilch, lauwarm
150 g Weizenmehl, Typ 550
75 g Maismehl, fein
2 EL gekühlte, gewürfelte Butter
1,5 TL Trockenhefe
1 Prise Salz
1 Ei
1 TL Kreuzkümmel, gemahlen
6 EL Zucker

Außerdem
1 l Sonnenblumenöl

Nährwerte

121,8 kcal
21 g Kohlenhydrate
2,7 g Fett
2,9 g Eiweiß

1 Nehmen Sie eine Schüssel und geben Sie das Weizenmehl, die Hefe sowie das Salz hinein. Vermischen Sie die Zutaten mit den Händen und kneten Sie die Butter sowie das Maismehl ebenfalls gut in die Mischung hinein. Fügen Sie die Milch sowie das bereits verquirlte Ei hinzu und vermengen Sie alles, bis es einen Teig ergibt.

2 Den Teig aus der Schüssel nehmen, auf eine mit etwas Mehl bestreute Fläche legen und etwa zehn Minuten durchkneten. Eine zweite, saubere Schüssel leicht einfetten, den Teig hineingeben und abgedeckt für ca. eine Stunde an einen warmen Ort stellen. Danach sollte der Teig etwa doppelt so groß sein. Anschließend den Teig in zwölf möglichst gleich große Stücke schneiden und zu kleinen glatten Kugeln formen.

3 Schneiden Sie nun aus Backpapier 72 etwa zehn mal zehn Zentimeter große Stücke und legen Sie sie auf ein bzw. mehrere Backbleche. Platzieren Sie die hergestellten Kugeln auf jeweils einem Stück Backpapier. Diese abgedeckt erneut für etwa eine halbe Stunde an einen warmen Ort stellen.

4 Einen tiefen Topf nehmen und darin das Sonnenblumenöl auf ca. 170 °C erhitzen. Zunächst maximal drei Donuts vom Backpapier nehmen und zum Ausbacken vorsichtig in das erhitzte Öl geben. Sie müssen zwischen einer halben und einer Minute von jeder Seite gegart werden, bis sie goldbraun sind. Die Kugeln werden dann aus dem Topf genommen und zum Abtropfen auf ein Stück Küchenpapier gelegt, bis sie etwas abgekühlt sind.

5 Abschließend den Kümmel mit den sechs EL Zucker auf einem Teller vermischen und dann über die noch warmen Donuts streuen.

DONUTS MIT KARTOFFELN

12 Stück

140 Min.

Mittel

Zutaten

120 ml Vollmilch, lauwarm
50 ml Wasser
300 g Weizenmehl, Typ 550
150 g gekochte, zerdrückte Kartoffeln
3 EL gekühlte, gewürfelte Butter
1,5 TL Trockenhefe
1 Prise Salz
1 Ei
1 EL Zucker
300 g Puderzucker
Ca. 4 EL weiße Zuckerperlen

Außerdem
Mehl zum Bestreuen der Arbeitsplatte

Nährwerte

236 kcal
46,8 g Kohlenhydrate
3,4 g Fett
3,9 g Eiweiß

1 Nehmen Sie eine Schüssel und geben Sie das Mehl, die Hefe sowie das Salz hinein. Vermischen Sie die Zutaten mit den Händen und kneten Sie die Butter sowie die Kartoffeln ebenfalls gut in die Mischung hinein. Fügen Sie die Milch sowie das bereits verquirlte Ei hinzu und vermengen Sie alles, bis es einen Teig ergibt.

2 Den Teig aus der Schüssel nehmen, auf eine mit etwas Mehl bestreute Fläche legen und etwa zehn Minuten durchkneten. Eine zweite, saubere Schüssel leicht einfetten, den Teig hineingeben und abgedeckt für ca. eine Stunde an einen warmen Ort stellen. Danach sollte der Teig etwa doppelt so groß sein. Anschließend den Teig in zwölf möglichst gleich große Stücke schneiden und zu kleinen glatten Kugeln formen.

3 Schneiden Sie nun aus Backpapier 72 etwa zehn mal zehn Zentimeter große Stücke und legen Sie sie auf ein bzw. mehrere Backbleche. Platzieren Sie die hergestellten Kugeln auf jeweils einem Stück Backpapier. Diese abgedeckt erneut für etwa eine halbe Stunde an einen warmen Ort stellen.

4 Einen tiefen Topf nehmen und darin das Sonnenblumenöl auf ca. 170 °C erhitzen. Zunächst maximal drei Donuts vom Backpapier nehmen und zum Ausbacken vorsichtig in das erhitzte Öl geben. Sie müssen zwischen einer halben und einer Minute von jeder Seite gegart werden, bis sie goldbraun sind. Die Kugeln werden dann aus dem Topf genommen und zum Abtropfen auf ein Stück Küchenpapier gelegt, bis sie etwas abgekühlt sind.

5 Für die Herstellung der Glasur nehmen Sie eine kleine Schüssel und verrühren darin das Wasser sowie den Puderzucker, bis eine glatte Masse entstanden ist. Überziehen Sie dann die noch warmen Donuts vollständig mit der Glasur. Verwenden Sie dafür einen Pinsel oder einen Löffel. Abschließend bestreuen Sie die Kugeln noch mit den Zuckerperlen.

DONUTS MIT SPECKTOPPING

12 Stück

160 Min.

Mittel

Zutaten

120 ml Vollmilch, lauwarm
100 ml Ahornsirup
225 g Weizenmehl, Typ 550
65 g gekühlte, gewürfelte Butter
1,5 TL Trockenhefe
1 Ei
1 Prise Salz
1 EL Zucker
4 Streifen Speck, durchwachsen

Außerdem
1 l Sonnenblumenöl
Mehl zum Bestreuen der Arbeitsplatte

Nährwerte

158,3 kcal
22,2 g Kohlenhydrate
6,1 g Fett
3,3 g Eiweiß

1 Nehmen Sie eine Schüssel und geben Sie das Mehl, den Zucker, die Hefe sowie das Salz hinein. Vermischen Sie die Zutaten mit den Händen und kneten Sie die Butter gut in die Mischung hinein. Fügen Sie die Milch sowie das vorher verquirlte Ei hinzu und vermengen Sie alles, bis es einen Teig ergibt.

2 Den Teig aus der Schüssel nehmen, auf eine mit etwas Mehl bestreute Fläche legen und etwa zehn Minuten durchkneten. Eine zweite, saubere Schüssel leicht einfetten, den Teig hineingeben und abgedeckt für ca. eine Stunde an einen warmen Ort stellen. Danach sollte der Teig etwa doppelt so groß sein.

3 Anschließend den Teig erneut auf eine leicht mit Mehl bestreute Arbeitsfläche legen und so ausrollen, dass er ca. einen Zentimeter dick ist. Den Donut-Ausstecher zur Hand nehmen und zwölf Ringe ausstechen.

4 Schneiden Sie nun aus Backpapier 72 etwa zehn mal zehn Zentimeter große Stücke und legen Sie sie auf ein bzw. mehrere Backbleche. Platzieren Sie die Ringe auf jeweils einem Stück Backpapier. Diese abgedeckt erneut für etwa eine halbe Stunde an einen warmen Ort stellen.

5 Einen tiefen Topf nehmen und darin das Sonnenblumenöl auf ca. 170 °C erhitzen.

6 Zunächst drei Donuts vom Backpapier nehmen und zum Ausbacken vorsichtig in das erhitzte Öl geben. Sie müssen zwischen einer halben und einer Minute von jeder Seite gegart werden, bis sie goldbraun sind. Die Donuts werden dann aus dem Topf genommen und zum Abtropfen auf ein Stück Küchenpapier gelegt, bis sie etwas abgekühlt sind. Den Speck in kleine Würfel schneiden und braten. Abschließend die noch warmen Donuts mit dem Ahornsirup einpinseln und danach mit den gebratenen Speckwürfeln bestreuen.

DONUTS MIT AHORNSIRUPGLASUR

12 Stück

140 Min.

Mittel

Zutaten

120 ml Vollmilch, lauwarm
75 g Hafermehl
225 g Weizenmehl, Typ 550
50 g Haferflocken
65 g gekühlte, gewürfelte Butter
100 g Maissirup
1,5 TL Trockenhefe
1 Ei
1 Prise Salz
1 EL Zucker

Außerdem

1 l Sonnenblumenöl
Mehl zum Bestreuen der Arbeitsplatte

Nährwerte

194,2 kcal
29,7 g Kohlenhydrate
6,3 g Fett
4,1 g Eiweiß

1 Nehmen Sie eine Schüssel und geben Sie das gesamte Mehl, den Zucker, die Hefe sowie das Salz hinein. Vermischen Sie die Zutaten mit den Händen und kneten Sie die Butter gut in die Mischung hinein. Fügen Sie die Milch sowie das vorher verquirlte Ei hinzu und vermengen Sie alles, bis es einen Teig ergibt.

2 Den Teig aus der Schüssel nehmen, auf eine mit etwas Mehl bestreute Fläche legen und etwa zehn Minuten durchkneten. Eine zweite, saubere Schüssel leicht einfetten, den Teig hineingeben und abgedeckt für ca. eine Stunde an einen warmen Ort stellen. Danach sollte der Teig etwa doppelt so groß sein.

3 Anschließend den Teig erneut auf eine leicht mit Mehl bestreute Arbeitsfläche legen und so ausrollen, dass er ca. einen Zentimeter dick ist. Den Donut-Ausstecher zur Hand nehmen und zwölf Ringe ausstechen.

4 Schneiden Sie nun aus Backpapier 72 etwa zehn mal zehn Zentimeter große Stücke und legen Sie sie auf ein bzw. mehrere Backbleche.

5 Platzieren Sie die Ringe auf jeweils einem Stück Backpapier. Diese abgedeckt erneut für etwa eine halbe Stunde an einen warmen Ort stellen.

6 Einen tiefen Topf nehmen und darin das Sonnenblumenöl auf ca. 170 °C erhitzen.

7 Zunächst drei Donuts vom Backpapier nehmen und zum Ausbacken vorsichtig in das erhitzte Öl geben. Sie müssen zwischen einer halben und einer Minute von jeder Seite gegart werden, bis sie goldbraun sind. Die Ringe werden dann aus dem Topf genommen und zum Abtropfen auf ein Stück Küchenpapier gelegt, bis sie etwas abgekühlt sind.

8 Abschließend die noch warmen Donuts mit dem Maissirup einpinseln und danach mit den Haferflocken bestreuen.

DONUTSPIRALEN

12 Stück

160 Min.

Mittel

Zutaten

150 ml Vollmilch
300 g Weizenmehl, Typ 405
65 g gekühlte, gewürfelte und extra 65 g weiche Butter
2 EL Zucker
300 g Puderzucker
1,5 TL Trockenhefe
1 Prise TL Salz
1 Ei
50 ml Wasser

Außerdem

1 l Sonnenblumenöl
Mehl zum Bestreuen der Arbeitsplatte

Nährwerte

290,4 kcal
45,7 g Kohlenhydrate
10,1 g Fett
3,7 g Eiweiß

1 Nehmen Sie eine Schüssel und geben Sie das Mehl, der Zucker, die Hefe sowie das Salz hinein. Vermischen Sie die Zutaten mit den Händen und kneten Sie die Butter gut in die Mischung hinein. Fügen Sie die Milch sowie das vorher verquirlte Ei hinzu und kneten Sie den Teig anschließend etwa zehn Minuten. Formen Sie danach eine Kugel.

2 Dann eine zweite, saubere Schüssel leicht einfetten, den Teig hineingeben und abgedeckt für ca. eine Stunde an einen warmen Ort stellen. Danach sollte der Teig etwa doppelt so groß sein. Anschließend den Teig erneut auf eine leicht mit Mehl bestreute Arbeitsfläche legen und so ausrollen, dass er ca. einen Zentimeter dick ist und ein Rechteck von etwa 40 mal 20 Zentimetern bildet. Den Teig zunächst auf einer Seite mit der weichen Butter bestreichen, danach die zwei kurzen Enden zur Mitte falten und anschließend den Teig erneut in der Mitte umklappen und zusammenlegen, ihn dann nochmals abdecken und ca. ein Viertelstunde bei Zimmertemperatur ruhen lassen.

3 Danach den unter Punkt vier beschriebenen Vorgang wiederholen. Anschließend den Teig erneut zu einem Rechteck von 40 mal 20 Zentimeter Größe ausrollen und quer in zwölf möglichst gleich breite Streifen schneiden. Diese dann nochmals mittig längs einschneiden, dabei jedoch die Enden intakt lassen.

4 Die Streifen nun in sich drehen, sodass Spiralen entstehen, und dann jeweils die Enden zusammen drücken. Schneiden Sie nun aus Backpapier zwölf etwa zehn mal fünfzehn Zentimeter große Stücke und legen Sie sie auf ein bzw. mehrere Backbleche. Platzieren Sie die hergestellten Spiralen auf jeweils einem Stück Backpapier.

5 Nehmen Sie einen tiefen Topf und erhitzen Sie darin das Sonnenblumenöl auf ca. 170 °C. Zunächst nur drei Teigspiralen vom Backpapier nehmen und zum Ausbacken vorsichtig in das erhitzte Öl geben. Sie müssen zwischen einer halben und einer Minute von jeder Seite gegart werden, bis sie goldbraun sind. Die Spiralen werden dann aus dem Topf genommen und zum Abtropfen auf ein Stück Küchenpapier gelegt, bis sie etwas abgekühlt sind.

6 Zur Herstellung der Glasur geben Sie das Wasser sowie den Puderzucker in eine kleine Schüssel und verrühren beides, bis eine glatte Flüssigkeit entsteht. Abschließend die Oberseite der Spiralen glasieren und trocknen lassen.

BERLINER UND KRAPFEN

12 Stück

160 Min.

Mittel

Zutaten

120 ml Vollmilch, lauwarm
225 g Weizenmehl, Typ 550
65 g gekühlte, gewürfelte Butter
1 EL und extra 115 g Zucker
1,5 TL Trockenhefe
1 Ei
1 Prise Salz
¼ TL Mandelextrakt
1 TL Vanilleextrakt
150 g Himbeermarmelade

Außerdem
1 l Sonnenblumenöl
Mehl zum Bestreuen der Arbeitsplatte

Nährwerte

Berliner:
195,5 kcal
32,4 g Kohlenhydrate
5,7 g Fett
3,0 g Eiweiß

Krapfen:
205 kcal
25,9 g Kohlenhydrate
5,8 g Fett
3 g Eiweiß

1 Nehmen Sie eine Schüssel und geben Sie das Mehl, den Zucker, die Hefe sowie das Salz hinein. Vermischen Sie die Zutaten mit den Händen und kneten Sie die Butter gut in die Mischung hinein. Fügen Sie die Milch sowie das vorher verquirlte Ei, den Mandel- und den Vanilleextrakt hinzu und vermengen Sie alles, bis es einen Teig ergibt.

2 Den Teig aus der Schüssel nehmen, auf eine mit etwas Mehl bestreute Fläche legen und etwa zehn Minuten durchkneten. Eine zweite, saubere Schüssel leicht einfetten, den Teig hineingeben und abgedeckt für ca. eine Stunde an einen warmen Ort stellen. Danach sollte der Teig etwa doppelt so groß sein. Anschließend den Teig in zwölf möglichst gleich große Stücke schneiden und jeweils eine Kugel formen. Schneiden Sie nun aus Backpapier zwölf etwa zehn mal zehn Zentimeter große Stücke und legen Sie sie auf ein bzw. mehrere Backbleche.

3 Platzieren Sie die hergestellten Kugeln auf jeweils einem Stück Backpapier, decken Sie diese ab, stellen Sie sie an einen warmen Ort und lassen Sie sie nochmals etwa eine halbe Stunde ruhen.

4 Einen tiefen Topf nehmen und darin das Sonnenblumenöl auf ca. 170 °C erhitzen. Zunächst drei Donuts vom Backpapier nehmen und zum Ausbacken vorsichtig in das erhitzte Öl geben. Sie müssen zwischen einer halben und einer Minute von jeder Seite gegart werden, bis sie goldbraun sind. Die Donuts werden dann aus dem Topf genommen und zum Abtropfen auf ein Stück Küchenpapier gelegt, bis sie etwas abgekühlt sind.

5 In jeden Berliner ein Loch für die Füllung stechen, z. B. mit dem Stiel eines TLs. Die Marmelade in einen Spritzbeutel geben und mit diesem dann jeweils etwas in den Berliner füllen. Danach noch den Zucker auf einen Teller geben und die noch warmen Berliner darin von beiden Seiten wälzen.

6 Für die Herstellung von Krapfen verwenden Sie die gleichen Zutaten außer dem Mandelextrakt, tauschen außerdem die Himbeer- gegen Aprikosenmarmelade aus und verwenden zum Bestreuen der Oberseite Puderzucker. Auch der Herstellungsprozess ist der Gleiche wie eben beschrieben.

BOMBOLINI – GEFÜLLTE DONUTS AUS ITALIEN

2-3 Port.

30 Min.

Mittel

Zutaten

2 große Zucchini
4 getrocknete Tomaten in Öl
100 g Feta
14-16 Blätter Spinat
Italienische Gewürzmischung
etwas Öl

Nährwerte

89,1 kcal
4,8 g Kohlenhydrate
4,6 g Fett
5,4g Eiweiß

1 Nehmen Sie eine Schüssel und geben Sie das Mehl, den Zucker, die Hefe sowie das Salz hinein. Vermischen Sie die Zutaten mit den Händen und kneten Sie die Butter gut in die Mischung hinein. Fügen Sie die Milch sowie das vorher verquirlte Ei hinzu und vermengen Sie alles, bis es einen Teig ergibt.

2 Den Teig aus der Schüssel nehmen, auf eine mit etwas Mehl bestreute Fläche legen und etwa zehn Minuten durchkneten. Eine zweite, saubere Schüssel leicht einfetten, den Teig hineingeben und abgedeckt für ca. eine Stunde an einen warmen Ort stellen. Danach sollte der Teig etwa doppelt so groß sein. Anschließend den Teig in zwölf möglichst gleich große Stücke schneiden und jeweils eine Kugel formen.

3 Schneiden Sie nun aus Backpapier zwölf etwa zehn mal zehn Zentimeter große Stücke und legen Sie sie auf ein bzw. mehrere Backbleche. Platzieren Sie die hergestellten Kugeln auf jeweils einem Stück Backpapier, decken Sie diese ab, stellen Sie sie an einen warmen Ort und lassen Sie sie nochmals etwa eine halbe Stunde ruhen.

4 Einen tiefen Topf nehmen und darin das Sonnenblumenöl auf ca. 170 °C erhitzen. Zunächst drei Donuts vom Backpapier nehmen und zum Ausbacken vorsichtig in das erhitzte Öl geben. Sie müssen zwischen einer halben und einer Minute von jeder Seite gegart werden, bis sie goldbraun sind. Die Kugeln werden dann aus dem Topf genommen und zum Abtropfen auf ein Stück Küchenpapier gelegt, bis sie etwas abgekühlt sind. In jeden Donut ein Loch für die Füllung stechen, z. B. mit dem Stiel eines TLs.

5 Eine Hälfte des Haselnuss-Schokoladen-Aufstriches in einen Spritzbeutel geben und mit diesem dann jeweils etwas in einen Bombolino füllen. Danach den restlichen Aufstrich auf die Oberseite der Donuts streichen und darauf die gehackten Erdnüsse streuen.

OLIEBOLLEN

12 Stück

40 Min.

Leicht

Zutaten

450 ml Vollmilch, lauwarm
300 g Weizenmehl, Typ 550
1,5 TL Trockenhefe
1 Prise Salz
1 EL Zucker
4 EL Rosinen
Abgeriebene Schale einer halben unbehandelten Zitrone
4 EL Puderzucker

Außerdem

1 l Sonnenblumenöl
Mehl zum Bestreuen der Arbeitsplatte

Nährwerte

135,9 kcal
25,3 g Kohlenhydrate
1,8 g Fett
4,1 g Eiweiß

1 Nehmen Sie eine Schüssel und geben Sie das Mehl, den Zucker, die Hefe sowie das Salz hinein. Vermischen Sie die Zutaten, fügen Sie dann die Milch sowie die Rosinen und die abgeriebene Zitronenschale hinzu und vermengen Sie alles, bis es einen Teig ergibt.

2 Einen tiefen Topf nehmen und darin das Sonnenblumenöl auf ca. 170 °C erhitzen.

3 Nun einen EL Teig aus der Schüssel nehmen, diesen mit einem zweiten EL zu einer Kugel formen und diese in das erhitzte Öl geben. Sie können zum Formen aber z. B. auch einen Eisportionierer verwenden.

4 Zunächst maximal drei Kugeln gleichzeitig ausbacken. Sie müssen zwischen einer halben und einer Minute von jeder Seite gegart werden, bis sie goldbraun sind. Die Oliebollen werden dann aus dem Topf genommen und zum Abtropfen auf ein Stück Küchenpapier gelegt, bis sie etwas abgekühlt sind.

5 Abschließend die noch warmen Oliebollen auf einer Seite mit Puderzucker bestreuen.

LOUKOUMADES – KLEINE GRIECHISCHE DONUTS MIT HONIG

12 Stück

50 Min.

Mittel

Zutaten

450 ml Vollmilch, lauwarm
300 g Weizenmehl, Typ 550
1 EL Zucker
1,5 TL Trockenhefe
100 ml klarer Honig
1 Prise Salz
½ TL Zimt, gemahlen
Saft einer halben Zitrone

Außerdem
1 l Sonnenblumenöl
Mehl zum Bestreuen
der Arbeitsplatte

Nährwerte

142,5 kcal
27 g Kohlenhydrate
1,8 g Fett
4,1 g Eiweiß

1 Nehmen Sie eine Schüssel und geben Sie das Mehl, den Zucker, die Hefe sowie das Salz hinein und vermischen Sie dies. Fügen Sie dann die Milch hinzu und vermengen Sie alles, bis es einen Teig ergibt.

2 Einen tiefen Topf nehmen und darin das Sonnenblumenöl auf ca. 170 °C erhitzen.

3 Nun einen EL Teig aus der Schüssel nehmen, diesen mit einem zweiten EL zu einer Kugel formen und diese in das erhitzte Öl geben. Sie können zum Formen aber z. B. auch einen Eisportionierer verwenden.

4 Zunächst maximal drei Kugeln gleichzeitig ausbacken. Sie müssen zwischen einer halben und einer Minute von jeder Seite gegart werden, bis sie goldbraun sind. Die Donuts werden dann aus dem Topf genommen und zum Abtropfen auf ein Stück Küchenpapier gelegt, bis sie etwas abgekühlt sind.

5 Abschließend nehmen Sie eine kleine Schüssel, geben den Honig, den Zimt sowie den Zitronensaft hinein und vermischen alles miteinander. Lassen Sie dann die Mischung auf die noch warmen Loukoumades tropfen.

MALASADAS – DONUTÄHNLICHE KRAPFEN AUS PORTUGAL

12
Stück

45 Min.

Mittel

Zutaten

300 ml Kondensmilch, gesüßt und lauwarm
300 g Weizenmehl, Typ 550
80 g gekühlte, gewürfelte Butter
1,5 TL Trockenhefe
3 Eier
¼ TL gemahlene Muskatnuss
1 Prise Salz
2 EL Zucker
4 EL Puderzucker

Außerdem
1 l Sonnenblumenöl
Mehl zum Bestreuen
der Arbeitsplatte

Nährwerte

223,6 kcal
27,2 g Kohlenhydrate
9,8 g Fett
6,2 g Eiweiß

1 Nehmen Sie eine Schüssel und geben Sie das Mehl, den Zucker, die Hefe sowie das Salz hinein. Vermischen Sie die Zutaten mit den Händen und kneten Sie die Butter gut in die Mischung hinein. Fügen Sie die Kondensmilch sowie die vorher verquirlten Eier hinzu und vermengen Sie alles, bis es einen Teig ergibt.

2 Einen tiefen Topf nehmen und darin das Sonnenblumenöl auf ca. 170 °C erhitzen.

3 Nun einen EL Teig aus der Schüssel nehmen, diesen mit einem zweiten EL zu einer Kugel formen und diese in das erhitzte Öl geben. Sie können zum Formen z. B. auch einen Eisportionierer verwenden.

4 Zunächst maximal drei Kugeln gleichzeitig ausbacken. Sie müssen zwischen einer halben und einer Minute von jeder Seite gegart werden, bis sie goldbraun sind. Die Donuts werden dann aus dem Topf genommen und zum Abtropfen auf ein Stück Küchenpapier gelegt, bis sie etwas abgekühlt sind.

5 Danach noch die Muskatnuss und den Puderzucker auf einem Teller vermischen und die noch warmen Malasadas darin von beiden Seiten wälzen.

Donut-Varianten mit Backpulver

GLUTENFREIE DONUTS

12 Stück

70 Min.

Leicht

Zutaten

150 ml Vollmilch
300 g Mehl, glutenfrei
100 g und extra 50 g Butter, weich
1 TL Vanilleextrakt
2 TL Backpulver, glutenfrei
2 Eier
1 Prise Salz
150 g Zucker
1 TL Xanthanpulver (Bindemittel)
100 ml Maissirup
100 g Zartbitterschokolade, dunkel

Außerdem

Etwas weiche Butter für das Einfetten

Nährwerte

325,5 kcal
43,5 g Kohlenhydrate
14,6 g Fett
4,4 g Eiweiß

1 Zunächst stellen Sie zum Vorheizen Ihren Backofen auf 180 °C ein. Danach fetten Sie eine Donut-Backform für zwölf Donuts gut ein.

2 Nehmen Sie eine Schüssel und geben Sie den Zucker, 100 Gramm Butter sowie das Vanilleextrakt hinein. Alles gut vermengen, bis eine cremige Masse entsteht. Dabei nacheinander die zwei Eier mit unterrühren.

3 Anschließend das Backpulver, das Mehl, das Xanthanpulver und das Salz hinzugeben und die Masse erneut gut verrühren. Danach die Milch hinzufügen und alles vermengen.

4 Einen Spritzbeutel zur Hand nehmen, den Teig hineinfüllen und damit in die zwölf runden Vertiefungen der Backform spritzen. Sie können zum Hineingeben jedoch auch einen TL verwenden.

5 Die Backform in den Ofen auf die mittlere Schiene schieben. Die Backzeit beträgt ca. eine Viertelstunde. Die Donuts sollten dann goldbraun sein. Nehmen Sie die Form aus dem Backofen, warten Sie jedoch noch etwa fünf Minuten, bis Sie die Donuts aus den Mulden herausnehmen und auf ein Kuchengitter legen.

6 Nehmen Sie einen Topf, der antihaftbeschichtet ist, und erhitzen Sie darin die in kleine Stücke gebrochene Zartbitterschokolade, den Maissirup sowie die restliche Butter, bis die Schokolade vollständig geschmolzen und eine glatte Masse entstanden ist. Den Topf vom Herd nehmen und die Glasur z. B. mit einem TL so auf den noch warmen Donuts verteilen, dass auch etwas an den Seiten hinunterläuft. Danach trocknen lassen.

KLEINE DONUT-BEIGNETS MIT APFEL

12 Stück

50 Min.

Mittel

Zutaten

140 g Weizenmehl, Typ 550
140 g Weizenvollkornmehl
1 Prise Salz
1 Ei
275 ml Wasser, lauwarm
100 ml Maissirup, hell
1 TL Backpulver
1 EL klarer Honig
0,5 TL Muskatnuss, gemahlen
2 Äpfel

Außerdem
1 l Sonnenblumenöl
Mehl zum Bestreuen
der Arbeitsplatte

Nährwerte

132,7 kcal
27,3 g Kohlenhydrate
0,9 g Fett
2,8 g Eiweiß

1 Beginnen Sie damit, die zwei Äpfel zu schälen, zu entkernen sowie klein zu raspeln. Drücken Sie dann die Raspeln noch etwas aus und legen Sie sie anschließend auf Küchenpapier.

2 Nehmen Sie eine Schüssel und geben Sie das Weizen- sowie das Vollkornmehl, das Backpulver und das Salz hinein. Vermischen Sie alles gut. Fügen Sie das Ei, das Wasser sowie den Honig, die Muskatnuss und die Apfelraspeln hinzu und vermengen Sie die Mischung erneut.

3 Nehmen Sie eine große Bratpfanne und erhitzen Sie darin das Sonnenblumenöl. Geben Sie etwa zwei EL der Teigmischung in die Pfanne und braten Sie es auf beiden Seiten ca. eine halbe bis eine Minute. Je nach Größe Ihrer Pfanne können Sie auch mehrere auf einmal backen.

4 Die Beignets danach aus der Pfanne nehmen, auf etwas Küchenpapier abtropfen lassen, danach auf einen Teller legen und diesen abdecken, damit die Beignets warm bleiben.

KOEKSISTERS – SÜDAFRIKANISCHE FRITTIERTE STÄBCHEN IN FLECHTOPTIK

12 Stück

120 Min. (Sirup über Nacht)

Mittel

Zutaten

150 ml Vollmilch, lauwarm
300 g Weizenmehl, Typ 405
2,5 EL gewürfelte, gekühlte Butter
500 g Zucker
1 EL Backpulver
1 Prise Salz
¼ TL Ingwer, gemahlen
½ TL Zimt, gemahlen
Saft einer Zitrone
250 ml Wasser

Außerdem

1 l Sonnenblumenöl
Mehl zum Bestreuen der Arbeitsplatte

Nährwerte

276,7 kcal
60,3 g Kohlenhydrate
2,5 g Fett
2,9 g Eiweiß

1 Stellen Sie zunächst den Sirup her. Geben Sie dafür das Wasser, den Ingwer, den Zimt, den Zucker sowie den Zitronensaft in einen Topf und lassen Sie es bei mittlerer Hitze unter ständigem Rühren köcheln, bis der Zucker vollständig aufgelöst ist. Stellen Sie dann den Herd auf eine höhere Stufe ein und lassen Sie alles nochmals etwa zwei Minuten sprudelnd kochen. Danach den Topf vom Herd nehmen, den fertigen Sirup in eine Schüssel füllen, die hitzebeständig ist, und ihn mindestens eine Stunde, am besten jedoch über Nacht, bei Raumtemperatur abkühlen lassen.

2 Nehmen Sie eine Schüssel, geben Sie das Mehl, das Salz sowie das Backpulver hinein und vermischen Sie dies. Vermischen Sie die Zutaten mit den Händen und kneten Sie die Butter gut in die Mischung hinein. Fügen Sie dann die Milch hinzu und kneten Sie alles ca. fünf Minuten, bis eine Teigkugel entstanden ist.

3 Danach eine zweite, saubere Schüssel leicht einfetten, den Teig hineingeben und abgedeckt für ca. eine Stunde an einen warmen Ort stellen. Die Teigkugel auf einer leicht mit Mehl bestreuten Fläche so ausrollen, dass der Teig ca. fünf Millimeter dick ist und ein Rechteck mit einer Größe von 36 mal zehn Zentimeter bildet. Daraus dann 36 Streifen von einem mal zehn Zentimeter schneiden. Nehmen Sie nun drei der Streifen, verbinden Sie sie an einem Ende und flechten Sie sie dann zu einem Zopf. Schneiden Sie außerdem aus Backpapier 36 zwölf mal fünf Zentimeter große Stücke und legen Sie die fertig geflochtenen Zöpfe darauf.

4 Einen tiefen Topf nehmen und darin das Sonnenblumenöl auf ca. 170 °C erhitzen. Legen Sie dann einen Zopf zum Ausbacken in das Öl. Er muss zwischen einer halben und einer Minute von jeder Seite gegart werden, bis er goldbraun ist. Danach werden die Koeksisters aus dem Topf genommen und zum Abtropfen auf ein Stück Küchenpapier gelegt, bis sie etwas abgekühlt sind. Tauchen Sie abschließend die frittierten Zöpfe komplett in den erkalteten Sirup, lassen Sie ihn gut einziehen und fest werden.

DONUTKUCHEN

1 Stück

100 Min.

Mittel

Zutaten

150 ml Vollmilch, lauwarm
200 ml Crème double
60 ml Maissirup
275 g Weizenmehl, Typ 405
10 g und extra 150 g weiche Butter
15 g Zucker
300 g Puderzucker
50 g Kakaopulver, ungesüßt
100 g Zartbitterschokolade, dunkel
2 TL Backpulver
1 TL Vanilleextrakt
2 Eier
1 Prise Salz

Außerdem
Etwas weiche Butter zum Einfetten
Donutkuchen-Backform aus Silikon, Durchmesser 21 cm

Nährwerte

5372 kcal
647,7 g Kohlenhydrate
272 g Fett
66,5 g Eiweiß

1 Heizen Sie zu Beginn den Backofen auf 180 °C vor und fetten Sie die Donutkuchen-Backform gut mit weicher Butter ein.

2 Nehmen Sie eine Schüssel, geben Sie 15 Gramm Streuzucker, zehn Gramm Butter sowie das Vanilleextrakt hinein und vermischen sowie schlagen Sie die gesamte Masse, bis eine cremige Mischung entstanden ist. Dann nacheinander die Eier einrühren.

3 Das Backpulver, das Mehl sowie das Salz in die Masse geben und alles vermengen. Fügen Sie dann noch die Milch hinzu und vermischen Sie alles, bis es einen Teig ergibt.

4 Die beiden Teile der Donutkuchen-Backform gleichmäßig mit dem hergestellten Teig füllen, die Form auf ein Backblech stellen und dieses dann auf der mittleren Schiene in den Ofen schieben. Backen Sie den Teig etwa eine halbe Stunde, bis er goldbraun ist. Nehmen Sie dann die Form aus dem Ofen, lassen Sie sie fünf Minuten abkühlen, lösen Sie dann den Teig heraus und legen Sie diesen zum weiteren Abkühlen auf ein Kuchengitter.

5 Füllen Sie nun den Puderzucker sowie 150 Gramm Butter in eine neue Schüssel und schlagen Sie die Mischung. Geben Sie 100 Milliliter Crème double hinzu und verrühren Sie alles, bis eine dicke und glatte Buttercreme entstanden ist. Dann noch das Kakaopulver unterrühren.

6 Für die Herstellung der Glasur geben Sie die kleingehackte Zartbitterschokolade, den Maissirup sowie die restliche Crème double in einen Topf, der antihaftbeschichtet ist, und lassen alles schmelzen, bis sich eine glatte Masse gebildet hat. Danach den Topf vom Herd nehmen.

7 Die Schokoladenbuttercreme gleichmäßig in der hohlen Hälfte des hergestellten Donutkuchens verteilen. Dann die zweite Hälfte des Kuchens obendrauf setzen. Abschließend verteilen Sie die Schokoladenglasur so auf der Oberseite des Donutkuchens, dass etwas an den Seiten herunterläuft.

DONUTS MIT KÄSE UND SCHINKEN

12 Stück

50 Min.

Leicht

Zutaten

520 Gramm Mehl
500 ml Milch
10 EL Rapsöl
2 Päckchen Backpulver
6 Eier
6 Schieben Schnittkäse
6 Scheiben Kochschinken
Etwas Salz, Oregano, Chiliflocken

Nährwerte

515 kcal
35,6 g Kohlenhydrate
19,3 g Fett
48,8 g Eiweiß

1 Nehmen Sie eine Schüssel und geben Sie die Eier, das Öl, das Mehl, das Backpulver sowie die Milch hinein. Alles gut vermengen.

2 Anschließend sowohl den Schnittkäse als auch den Schinken klein schneiden und ebenfalls in die Schüssel geben. Alles sorgfältig verrühren und mit dem Oregano, dem Salz und den Chiliflocken abschmecken.

3 Nun bereits den Donut-Maker vorheizen und beide Seiten mit etwas Öl einstreichen.

4 Füllen Sie dann je einen gestrichenen EL Teig in die Vertiefungen und schließen Sie dann das Gerät.

5 Die Donuts müssen insgesamt etwa drei bis vier Minuten backen. Danach den fertigen Donut aus dem Donut-Maker herausnehmen und auf etwas Küchenpapier abtropfen lassen. Wiederholen Sie die Vorgehensweise mit dem restlichen Teig.

Donuts ohne Hefe oder Backpulver

DONUTSCHEIBENAUFLAUF

5
Port.

70 Min.

Mittel

Zutaten

5-6 klassische Donuts in Kugelform ohne Füllung und Glasur
250 ml Vollmilch
50 ml Crème double
1,5 EL Zucker
2,5 EL weiche Butter
25 g Sultaninen
25 g Rosinen
2 Eier
1 Prise Muskatnuss, gemahlen
1 Prise Zimt, gemahlen
Etwas Puderzucker
Etwas Aprikosenmarmelade

Nährwerte

364,3 kcal
44,5 g Kohlenhydrate
18,5 g Fett
5,3 g Eiweiß

1 Heizen Sie zu Beginn den Backofen auf 180 °C vor.

2 Schneiden Sie die Donuts in Scheiben und bestreichen Sie diese auf beiden Seiten mit Butter. Nehmen Sie dann eine feuerfeste Form, in der Sie die Donutscheiben so anordnen können, dass sie überlappen. Bestreuen Sie alles mit den Sultaninen und den Rosinen.

3 Geben Sie die Milch sowie die Crème double in einen Topf und erwärmen Sie die Mischung leicht, sie darf jedoch nicht kochen. Dann nehmen Sie den Topf wieder vom Herd.

4 Verrühren Sie den Zucker mit den Eiern in einer Schüssel, die hitzebeständig ist, und geben Sie dann die Mischung aus dem Topf unter ständigem Rühren hinzu.

5 Gießen Sie die Gesamtmischung dann über die Donutscheiben und streuen Sie außerdem Muskatnuss sowie Zimt darüber. Stellen Sie die Form auf ein Backblech oder ein Kuchengitter und schieben sie alles auf der mittleren Schiene in den Backofen. Dort wird der Auflauf eine halbe Stunde gebacken, bis er goldbraun ist. Dann nehmen Sie ihn aus dem Ofen.

6 Abschließend bestreichen Sie den noch warmen Auflauf auf der Oberseite gleichmäßig mit der Aprikosenmarmelade und streuen danach noch etwas Puderzucker darüber.

SPANISCHE CHURROS MIT SCHOKOLADENSOßE

24 Stück

50 Min.

Mittel

Zutaten

140 g Weizenmehl, Typ 405
75 g und extra 50 g Butter
1 Prise Salz
3 Eier
250 ml Wasser
100 ml Maissirup, hell
100 g Zartbitterschokolade, dunkel
1 TL Zimt, gemahlen
6 EL Zucker

Außerdem
1 l Sonnenblumenöl

Nährwerte

120,9 kcal
14,3 g Kohlenhydrate
6,3 g Fett
1,5 g Eiweiß

1 Bereiten Sie zuerst die Schokoladensoße zu. Nehmen Sie hierfür einen Topf, der antihaftbeschichtet ist, und erhitzen Sie darin die in kleine Stücke gebrochene Zartbitterschokolade, den Maissirup sowie 50 Gramm Butter, bis die Schokolade vollständig geschmolzen und eine glatte Masse entstanden ist. Den Topf vom Herd nehmen und abkühlen lassen. Gelegentlich umrühren.

2 Dann einen zweiten Topf nehmen und darin das Wasser sowie die restliche Butter zum Kochen bringen. Das Salz sowie das Mehl dazugeben und alles gut vermengen. Danach den Topf von der Herdplatte nehmen und nacheinander die drei Eier in den Teig rühren.

3 Nehmen Sie einen tiefen Topf und erhitzen Sie darin das Sonnenblumenöl auf ca. 170 °C.

4 Um die geriffelte bzw. Spritzform zu erhalten, stecken Sie eine Tülle in Sternform auf den Spritzbeutel, füllen dann die hergestellte Masse hinein und spritzen jeweils drei etwa zehn bis fünfzehn Zentimeter lange Stäbchen in das Öl. Lassen Sie diese ca. ein bis zwei Minuten darin ausbacken, bis sie ringsherum goldbraun sind, wenden Sie jede jedoch nur einmal.

5 Die Stäbchen werden dann aus dem Topf genommen und zum Abtropfen auf ein Stück Küchenpapier gelegt, bis sie etwas abgekühlt sind.

6 Abschließend Zimt und Zucker mischen und die noch warmen Churros damit bestreuen.

SPRITZKUCHEN

12 Stück

60 Min.

Mittel

Zutaten

175 g Weizenmehl, Typ 405
75 g Butter
3 Eier
1 Prise Salz
1 Eiweiß
250 ml und extra 50 ml Wasser
300 g Puderzucker
1,5 EL klarer Honig

Außerdem
1 l Sonnenblumenöl

Nährwerte

220,8 kcal
37,2 g Kohlenhydrate
6,6 g Fett
2,94 g Eiweiß

1 Nehmen Sie einen Topf und geben Sie 250 Milliliter Wasser sowie die Butter hinein und bringen Sie alles zum Kochen. Fügen Sie dann das Salz sowie das Mehl hinzu und vermengen Sie alles gut, bis sich eine Kugel gebildet hat.

2 Den Topf vom Herd nehmen und nacheinander die drei bereits verquirlten Eier sowie das vorher steif geschlagene Eiweiß in die Masse einarbeiten.

3 Nehmen Sie danach einen tiefen Topf und erhitzen Sie darin das Sonnenblumenöl auf ca. 170 °C. Schneiden Sie außerdem aus Backpapier zwölf etwa zehn mal zehn Zentimeter große Stücke aus und legen Sie diese auf ein Backblech.

4 Um die geriffelte bzw. Spritzform zu erhalten, stecken Sie eine Tülle in Sternform auf den Spritzbeutel, füllen dann die hergestellte Masse hinein und spritzen auf die vorbereiteten Backpapierstücke jeweils einen Donut in Ringform.

5 Danach zunächst drei der Spritzkuchen vom Backpapier nehmen und zum Ausbacken vorsichtig in das erhitzte Öl geben (Sollten sie sich nicht vom Papier lösen lassen, dann geben Sie dieses mit ins Öl und nehmen es heraus, wenn es sich vom Teig gelöst hat).

6 Die Donuts müssen insgesamt von beiden Seiten ein bis zwei Minuten ausgebacken und dürfen dabei nur einmal gedreht werden, bis sie etwas gebräunt sind. Die Donuts werden dann aus dem Topf genommen und zum Abtropfen auf ein Stück Küchenpapier gelegt, bis sie etwas abgekühlt sind.

7 Für die Glasur nehmen Sie eine kleine Schüssel und vermischen darin den Honig, den Puderzucker und 50 Milliliter Wasser, bis eine glatte Flüssigkeit entstanden ist. Danach tunken Sie die noch warmen Donuts komplett hinein und lassen sie anschließend abkühlen.

SCHOKODONUTS IN SPRITZKUCHEN-OPTIK

12 Stück

60 Min.

Mittel

Zutaten

125 g Weizenmehl, Typ 405
75 g Butter
3 Eier
1 Prise Salz
50 g Kakaopulver, ungesüßt
250 ml und extra 1,5 EL Wasser
300 g Puderzucker
1,5 EL Maissirup, hell

Außerdem
1 l Sonnenblumenöl

Nährwerte

213,8 kcal
33,6 g Kohlenhydrate
7,0 g Fett
3,2 g Eiweiß

1 Nehmen Sie einen Topf, geben Sie 250 Milliliter Wasser sowie die Butter hinein und bringen Sie alles zum Kochen. Fügen Sie dann das Kakaopulver, das Salz sowie das Mehl hinzu und vermengen Sie alles gut, bis sich eine Kugel gebildet hat.

2 Den Topf vom Herd nehmen und nacheinander die drei bereits verquirlten Eier in die Masse einarbeiten.

3 Nehmen Sie danach einen tiefen Topf und erhitzen Sie darin das Sonnenblumenöl auf ca. 170 °C. Schneiden Sie außerdem aus Backpapier zwölf etwa zehn mal zehn Zentimeter große Stücke aus und legen Sie diese auf ein Backblech.

4 Um die geriffelte bzw. Spritzform zu erhalten, stecken Sie eine Tülle in Sternform auf den Spritzbeutel, füllen dann die hergestellte Masse hinein und spritzen auf die vorbereiteten Backpapierstücke jeweils einen Donut in Ringform.

5 Danach zunächst drei Donuts vom Backpapier nehmen und zum Ausbacken vorsichtig in das erhitzte Öl geben (Sollten sie sich nicht vom Papier lösen lassen, dann geben Sie dieses mit ins Öl und nehmen es heraus, wenn es sich vom Teig gelöst hat).

6 Die Donuts müssen insgesamt von beiden Seiten ein bis zwei Minuten ausgebacken und dürfen dabei nur einmal gedreht werden, bis sie etwas gebräunt sind. Die Donuts werden dann aus dem Topf genommen und zum Abtropfen auf ein Stück Küchenpapier gelegt, bis sie etwas abgekühlt sind.

7 Für die Glasur nehmen Sie eine kleine Schüssel und vermischen darin den Maissirup, den Puderzucker und 1,5 EL Wasser, bis eine glatte Flüssigkeit entstanden ist. Danach tunken Sie die noch warmen Donuts komplett hinein und lassen sie anschließend abkühlen.

Croissant-Donuts

CROISSANT-DONUTS MIT JOHANNISBEERFÜLLUNG

4 Stück

420 Min.

Mittel

Zutaten

170 ml Milch, lauwarm
1 Paket Trockenhefe
140 g Weizenmehl, Typ 550
140 g Weizenmehl, Typ 405
150 g Butter, gewürfelt und gekühlt
1 TL Salz
2 EL Zucker
2 EL Pflanzenöl
3 EL Traubenkernöl
8 EL Johannisbeermarmelade
3 EL Likör, Cassis oder Johannisbeere
100 g Puderzucker
4 Johannisbeerrispen, klein, zur Garnierung

Außerdem
Mehl zum Bestreuen der Arbeitsplatte

Nährwerte

857,3 kcal
102,3 g Kohlenhydrate
44,8 g Fett
9,7 g Eiweiß

1 Nehmen Sie eine Schüssel und geben Sie das gesamte Mehl, den Zucker, die Hefe sowie das Salz hinein. Vermischen Sie die Zutaten mit den Händen. Fügen Sie die Milch sowie die zwei EL Pflanzenöl hinzu, vermengen Sie alles und kneten Sie den Teig, bis er geschmeidig ist. Den Teig aus der Schüssel nehmen, auf eine mit etwas Mehl bestreute Fläche legen und etwa zehn Minuten durchkneten. Eine zweite, saubere Schüssel leicht einfetten, den Teig hineingeben und abgedeckt für ca. zwei bis drei Stunden an einen warmen Ort stellen. Danach sollte der Teig etwa doppelt so groß sein. Danach den Teig nochmals durchkneten und daraus eine Kugel formen. Diese nun für etwa eine Stunde in den Kühlschrank stellen und erneut gehen lassen. Anschließend den Teig herausnehmen, die gekühlte Butter hineinkneten und alles gut vermengen. Nun den Teig erneut ca. eine Stunde im Kühlschrank ruhen lassen.

2 Die Teigmischung auf der bemehlten Fläche so ausrollen, dass er ein Quadrat bildet und etwa einen Zentimeter dick ist. Hieraus vier Kreise mit einem Durchmesser von neun Zentimetern ausstechen und aus diesen jeweils in der Mitte vier kleinere Kreise mit einer Größe von drei Zentimetern. Platzieren Sie die ausgestochenen Formen dann auf die zugeschnittenen Backpapierstücke auf einem Backblech und überdecken Sie diese mit etwas Küchenpapier. Legen Sie das Blech nun wieder für etwa eine Stunde in den Kühlschrank. Danach sollten die Donuts etwa doppelt so groß geworden sein.

3 Anschließend einen tiefen Topf nehmen und darin das Pflanzenöl auf ca. 190 °C erhitzen – oder Sie nutzen hierfür eine Fritteuse. Zunächst maximal zwei Donuts vom Backpapier nehmen und zum Ausbacken vorsichtig in das erhitzte Öl geben. Sie müssen zwischen zwei und drei Minuten von jeder Seite gegart werden, bis sie goldbraun sind. Die Donuts werden dann aus dem Topf genommen und zum Abtropfen auf ein Stück Küchenpapier gelegt, bis sie etwas abgekühlt sind. Nehmen Sie eine weitere Schüssel und vermengen Sie darin den Puderzucker mit zwei EL des Likörs, bis eine cremige Glasur entstanden ist. In jeden Donut vier Löcher für die Füllung stechen, z. B. mit dem Stiel eines TLs. Dann für die Füllung den restlichen Likör mit der Marmelade vermischen, die Creme in einen Spritzbeutel geben und in die einzelnen Gebäckstücke füllen. Zum Schluss bestreichen Sie die Donuts noch mit der Glasur und verteilen auf jedem jeweils ein paar Johannisbeeren.

CROISSANT-DONUTS GEFÜLLT MIT APRIKOSENMARMELADE

4 Stück | 430 Min. | Mittel

Zutaten

170 ml Milch, lauwarm
1 Paket Trockenhefe
140 g Weizenmehl, Typ 550
140 g Weizenmehl, Typ 405
150 g Butter, gewürfelt und gekühlt
1 TL Salz
2 EL Zucker
2 EL Pflanzenöl
3 EL Traubenkernöl
10 EL Aprikosenmarmelade
1 EL frisch gepresster Zitronensaft
4 EL Hagelzucker

Außerdem
Mehl zum Bestreuen der Arbeitsplatte

Nährwerte

836,9 kcal
97,1 g Kohlenhydrate
44,8 g Fett
9,7 g Eiweiß

1 Nehmen Sie eine Schüssel und geben Sie das gesamte Mehl, den Zucker, die Hefe sowie das Salz hinein. Vermischen Sie die Zutaten mit den Händen. Fügen Sie die Milch sowie die zwei EL Pflanzenöl hinzu, vermengen Sie alles und kneten Sie den Teig, bis er geschmeidig ist. Den Teig aus der Schüssel nehmen, auf eine mit etwas Mehl bestreute Fläche legen und etwa zehn Minuten durchkneten. Eine zweite, saubere Schüssel leicht einfetten, den Teig hineingeben und abgedeckt für ca. zwei bis drei Stunden an einen warmen Ort stellen. Danach sollte der Teig etwa doppelt so groß sein. Danach den Teig nochmals durchkneten und daraus eine Kugel formen. Diese nun für etwa eine Stunde in den Kühlschrank stellen und erneut gehen lassen.

2 Anschließend den Teig herausnehmen, die gekühlte Butter hineinkneten und alles dabei gut vermengen. Nun den Teig erneut ca. eine Stunde im Kühlschrank ruhen lassen. Die Teigmischung dann auf der bemehlten Fläche so ausrollen, dass er ein Quadrat bildet und etwa einen Zentimeter dick ist. Hieraus vier Kreise mit einem Durchmesser von neun Zentimetern ausstechen und aus diesen jeweils in der Mitte vier kleinere Kreise mit einer Größe von drei Zentimetern.

3 Platzieren Sie die ausgestochenen Formen dann auf die zugeschnittenen Backpapierstücke auf einem Backblech und überdecken Sie diese mit etwas Küchenpapier. Legen Sie das Blech nun wieder für etwa eine Stunde in den Kühlschrank. Danach sollten die Donuts etwa doppelt so groß geworden sein. Anschließend einen tiefen Topf nehmen und darin das Pflanzenöl auf ca. 190 °C erhitzen – oder Sie nutzen hierfür eine Fritteuse. Zunächst maximal zwei Donuts vom Backpapier nehmen und zum Ausbacken vorsichtig in das erhitzte Öl geben. Sie müssen zwischen zwei und drei Minuten von jeder Seite gegart werden, bis sie goldbraun sind. Die Donuts werden dann aus dem Topf genommen und zum Abtropfen auf ein Stück Küchenpapier gelegt, bis sie etwas abgekühlt sind.

4 Nehmen Sie eine weitere Schüssel und vermengen Sie darin den Zitronensaft mit zwei EL der Marmelade. Dann noch einen EL heißes Wasser hinzufügen und alles gut umrühren, bis eine glatte, cremige Glasur entstanden ist. In jeden Donut vier Löcher für die Füllung stechen, z. B. mit dem Stiel eines TLs. Dann für die Füllung die restliche Marmelade in einen Spritzbeutel geben und diese dann in die einzelnen Gebäckstücke füllen. Zum Schluss bestreichen Sie die Donuts noch mit der Glasur und verteilen auf jedem noch etwas Hagelzucker.

CROISSANT-DONUTS MIT ROSENWASSER VERFEINERT

4 Stück

420 Min.

Leicht

Zutaten

170 ml Milch, lauwarm
1 Paket Trockenhefe
140 g Weizenmehl, Typ 550
140 g Weizenmehl, Typ 405
150 g Butter, gewürfelt und gekühlt
1 TL Salz
2 EL und extra
1 EL Zucker
2 EL Pflanzenöl
3 EL Traubenkernöl
6 EL Rosenwasser
1 TL frisch gepresster Zitronensaft
100 g Puderzucker
125 g Crème double

Außerdem

Mehl zum Bestreuen der Arbeitsplatte
Kandierte Rosenblätter als Garnierung

Nährwerte

796,8 kcal
87,5 g Kohlenhydrate
44,7 g Fett
9,6 g Eiweiß

1 Nehmen Sie eine Schüssel und geben Sie das gesamte Mehl, zwei EL Zucker, die Hefe sowie das Salz hinein. Vermischen Sie die Zutaten mit den Händen. Fügen Sie die Milch sowie die zwei EL Pflanzenöl hinzu, vermengen Sie alles und kneten Sie den Teig, bis er geschmeidig ist. Den Teig aus der Schüssel nehmen, auf eine mit etwas Mehl bestreute Fläche legen und etwa zehn Minuten durchkneten. Eine zweite, saubere Schüssel leicht einfetten, den Teig hineingeben und abgedeckt für ca. zwei bis drei Stunden an einen warmen Ort stellen. Dann sollte der Teig etwa doppelt so groß sein. Danach den Teig nochmals durchkneten und daraus eine Kugel formen. Diese für etwa eine Stunde in den Kühlschrank stellen und erneut gehen lassen.

2 Anschließend den Teig herausnehmen, die gekühlte Butter hineinkneten und alles dabei gut vermengen. Nun den Teig erneut ca. eine Stunde im Kühlschrank ruhen lassen. Die Teigmischung dann auf der bemehlten Fläche so ausrollen, dass er ein Quadrat bildet und etwa einen Zentimeter dick ist. Hieraus vier Kreise mit einem Durchmesser von neun Zentimetern ausstechen und aus diesen jeweils in der Mitte vier kleinere Kreise mit einer Größe von drei Zentimetern.

3 Platzieren Sie die ausgestochenen Formen dann auf den zugeschnittenen Backpapierstücken auf einem Backblech und überdecken Sie diese mit etwas Küchenpapier. Legen Sie das Blech nun wieder für etwa eine Stunde in den Kühlschrank. Danach sollten die Donuts etwa doppelt so groß geworden sein. Anschließend einen tiefen Topf nehmen und darin das Pflanzenöl auf ca. 190 °C erhitzen – oder Sie nutzen hierfür eine Fritteuse. Zunächst maximal zwei Donuts vom Backpapier nehmen und zum Ausbacken vorsichtig in das erhitzte Öl geben. Sie müssen zwischen zwei und drei Minuten von jeder Seite gegart werden, bis sie goldbraun sind. Die Donuts werden dann aus dem Topf genommen und zum Abtropfen auf ein Stück Küchenpapier gelegt, bis sie etwas abgekühlt sind.

4 Nehmen Sie eine weitere Schüssel und vermengen Sie darin einen EL Rosenwasser, die Crème double sowie den restlichen Zucker. Geben Sie den Puderzucker sowie weitere zwei EL Rosenwasser hinzu und vermischen Sie alles, bis eine cremige Masse entstanden ist. In jeden Donut vier Löcher stechen, z. B. mit dem Stiel eines TLs. Dann die fertige Füllung in einen Spritzbeutel geben und in die einzelnen Gebäckstücke füllen. Zum Schluss bestreichen Sie die Donuts mit einer Rosenwasser-Glasur und verteilen auf jedem einige kandierte Rosenblätter.

CROISSANT-DONUTS MIT SCHUSS

4 Stück

430 Min.

Mittel

Zutaten

170 ml Milch, lauwarm
1 Paket Trockenhefe
140 g Weizenmehl, Typ 550
140 g Weizenmehl, Typ 405
150 g Butter, gewürfelt und gekühlt
1 TL Salz
2 EL Zucker
2 EL Pflanzenöl
3 EL Traubenkernöl
4 EL Zesten einer frischen Orange
2 EL Portwein, weiß
100 g Puderzucker
Eine halbe reife Melone
Etwas Johanniskernmehl

Außerdem
Mehl zum Bestreuen der Arbeitsplatte

Nährwerte

808,6 kcal
88,9 g Kohlenhydrate
44,8 g Fett
10 g Eiweiß

1 Nehmen Sie eine Schüssel und geben Sie das gesamte Mehl, den Zucker, die Hefe sowie das Salz hinein. Vermischen Sie die Zutaten mit den Händen. Fügen Sie die Milch sowie die zwei EL Pflanzenöl hinzu, vermengen Sie alles und kneten Sie den Teig, bis er geschmeidig ist.

2 Den Teig aus der Schüssel nehmen, auf eine mit etwas Mehl bestreute Fläche legen und etwa zehn Minuten durchkneten. Eine zweite, saubere Schüssel leicht einfetten, den Teig hineingeben und abgedeckt für ca. zwei bis drei Stunden an einen warmen Ort stellen. Dann sollte der Teig etwa doppelt so groß sein. Danach den Teig nochmals durchkneten und daraus eine Kugel formen. Diese nun für etwa eine Stunde in den Kühlschrank stellen und erneut gehen lassen. Anschließend den Teig herausnehmen, die gekühlte Butter hineinkneten und alles dabei gut vermengen. Nun den Teig erneut ca. eine Stunde im Kühlschrank ruhen lassen.

3 Die Teigmischung dann auf der bemehlten Fläche so ausrollen, dass er ein Quadrat bildet und etwa einen Zentimeter dick ist. Hieraus vier Kreise mit einem Durchmesser von neun Zentimetern ausstechen und aus diesen jeweils in der Mitte vier kleinere Kreise mit einer Größe von drei Zentimetern. Platzieren Sie die ausgestochenen Formen dann auf den zugeschnittenen Backpapierstücken auf einem Backblech und überdecken Sie diese mit etwas Küchenpapier. Legen Sie das Blech nun wieder für etwa eine Stunde in den Kühlschrank. Danach sollten die Donuts etwa doppelt so groß geworden sein. Anschließend einen tiefen Topf nehmen und darin das Pflanzenöl auf ca. 190 °C erhitzen – oder Sie nutzen hierfür eine Fritteuse.

4 Zunächst maximal zwei Donuts vom Backpapier nehmen und zum Ausbacken vorsichtig in das erhitzte Öl geben. Sie müssen zwischen zwei und drei Minuten von jeder Seite gegart werden, bis sie goldbraun sind. Die Donuts werden dann aus dem Topf genommen und zum Abtropfen auf ein Stück Küchenpapier gelegt, bis sie etwas abgekühlt sind. Befreien Sie die halbe Melone von der Schale, entfernen Sie die Kerne und schneiden Sie das Fruchtfleisch in kleine Würfel. Füllen Sie alles in eine Schüssel, geben Sie etwas Johanniskernmehl hinzu und pürieren Sie die Masse.

5 In jeden Donut vier Löcher für die Füllung stechen, z. B. mit dem Stiel eines TLs. Dann die Melonenmischung in einen Spritzbeutel geben und in die einzelnen Gebäckstücke füllen. Zum Schluss vermischen Sie noch den Puderzucker mit dem Portwein, bis eine glatte Glasur entstanden ist. Bestreichen Sie die Donuts damit und verteilen Sie auf jedem jeweils ein paar Zesten der Orange.

CROISSANT-DONUTS GEFÜLLT MIT ROTWEINCREME

4 Stück

450 Min.

Mittel

Zutaten

170 ml Milch, lauwarm
1 Paket Trockenhefe
140 g Weizenmehl, Typ 550
140 g Weizenmehl, Typ 405
150 g Butter, gewürfelt und gekühlt
1 TL Salz
2 EL Zucker
2 EL Pflanzenöl
3 EL Traubenkernöl
50 ml Schlagsahne
2 EL Rotwein
100 g Puderzucker
4 EL brauner Zucker
150 g Schokolade, Zartbitter
Etwas Zimt, gemahlen

Außerdem
Mehl zum Bestreuen der Arbeitsplatte

Nährwerte

1091,1 kcal
119,5 g Kohlenhydrate
61 g Fett
12,6 g Eiweiß

1 Zunächst nehmen Sie für die Cremefüllung einen antihaftbeschichteten Topf, stellen ihn auf den Herd und vermischen darin die kleingehackte Zartbitterschokolade mit der Schlagsahne, bis alles geschmolzen und eine cremige Masse entstanden ist. Nehmen Sie den Topf wieder vom Herd und lassen Sie die Mischung abkühlen. Dann die Masse nochmals mit einem Mixer aufschlagen, bis die Creme etwas fester geworden ist. Geben Sie das gesamte Mehl, den Zucker, die Hefe sowie das Salz in eine Schüssel. Vermischen Sie die Zutaten mit den Händen. Fügen Sie die Milch sowie die zwei EL Pflanzenöl hinzu, vermengen Sie alles und kneten Sie den Teig, bis er geschmeidig ist. Den Teig aus der Schüssel nehmen, auf eine mit etwas Mehl bestreute Fläche legen und etwa zehn Minuten durchkneten. Eine zweite, saubere Schüssel leicht einfetten, den Teig hineingeben und abgedeckt für ca. zwei bis drei Stunden an einen warmen Ort stellen. Dann sollte der Teig etwa doppelt so groß sein.

2 Den Teig nochmals durchkneten und daraus eine Kugel formen. Diese nun für etwa eine Stunde in den Kühlschrank stellen und erneut gehen lassen. Anschließend den Teig herausnehmen, die gekühlte Butter hineinkneten und alles dabei gut vermengen. Nun den Teig erneut ca. eine Stunde im Kühlschrank ruhen lassen. Die Teigmischung dann auf der bemehlten Fläche so ausrollen, dass er ein Quadrat bildet und etwa einen Zentimeter dick ist. Hieraus vier Kreise mit einem Durchmesser von neun Zentimetern ausstechen und aus diesen jeweils in der Mitte vier kleinere Kreise mit einer Größe von drei Zentimetern. Platzieren Sie die ausgestochenen Formen dann auf den zugeschnittenen Backpapierstücken auf einem Backblech und überdecken Sie diese mit etwas Küchenpapier. Legen Sie das Blech nun wieder für etwa eine Stunde in den Kühlschrank. Danach sollten die Donuts etwa doppelt so groß geworden sein.

3 Anschließend einen tiefen Topf nehmen und darin das Pflanzenöl auf ca. 190 °C erhitzen – oder Sie nutzen hierfür eine Fritteuse. Zunächst maximal zwei Donuts vom Backpapier nehmen und zum Ausbacken vorsichtig in das erhitzte Öl geben. Sie müssen zwischen zwei und drei Minuten von jeder Seite gegart werden, bis sie goldbraun sind. Die Donuts werden dann aus dem Topf genommen und zum Abtropfen auf ein Stück Küchenpapier gelegt, bis sie etwas abgekühlt sind. In jeden Donut vier Löcher für die Füllung stechen, z. B. mit dem Stiel eines TLs. Die Schokoladencreme in einen Spritzbeutel geben und in die einzelnen Gebäckstücke füllen. Zum Schluss vermischen Sie den Rotwein mit dem Puderzucker, bis eine glatte, cremige Glasur entstanden ist. Bestreichen Sie die Donuts damit und verteilen Sie auf jedem jeweils etwas braunen Zucker.

CROISSANT-DONUTS MIT LAVENDELNOTE

4 Stück

430 Min.

Mittel

Zutaten

170 ml Milch, lauwarm
1 Paket Trockenhefe
140 g Weizenmehl, Typ 550
140 g Weizenmehl, Typ 405
150 g Butter, gewürfelt und gekühlt
1 TL Salz
2 EL Zucker
2 EL Pflanzenöl
3 EL Traubenkernöl
2 EL Lavendelsirup
2 EL Lavendelhonig
100 g Puderzucker
150 ml Schlagsahne
1 EL frisch gepresster Zitronensaft
Zur Garnierung: kandierte Lavendelblüten

Außerdem
Mehl zum Bestreuen der Arbeitsplatte

Nährwerte

962,4 kcal
97,7 g Kohlenhydrate
57,9 g Fett
10,6 g Eiweiß

1 Nehmen Sie eine Schüssel und geben Sie das gesamte Mehl, den Zucker, die Hefe sowie das Salz hinein. Vermischen Sie die Zutaten mit den Händen. Fügen Sie die Milch sowie die zwei EL Pflanzenöl hinzu, vermengen Sie alles und kneten Sie den Teig, bis er geschmeidig ist. Den Teig aus der Schüssel nehmen, auf eine mit etwas Mehl bestreute Fläche legen und etwa zehn Minuten durchkneten. Eine zweite, saubere Schüssel leicht einfetten, den Teig hineingeben und abgedeckt für ca. zwei bis drei Stunden an einen warmen Ort stellen. Dann sollte der Teig etwa doppelt so groß sein. Danach den Teig nochmals durchkneten und daraus eine Kugel formen. Diese nun für etwa eine Stunde in den Kühlschrank stellen und erneut gehen lassen. Anschließend den Teig herausnehmen, die gekühlte Butter hineinkneten und alles dabei gut vermengen. Nun den Teig erneut ca. eine Stunde im Kühlschrank ruhen lassen.

2 Die Teigmischung dann auf der bemehlten Fläche so ausrollen, dass er ein Quadrat bildet und etwa einen Zentimeter dick ist. Hieraus vier Kreise mit einem Durchmesser von neun Zentimetern ausstechen und aus diesen jeweils in der Mitte vier kleinere Kreise mit einer Größe von drei Zentimetern. Platzieren Sie die ausgestochenen Formen dann auf den zugeschnittenen Backpapierstücken auf einem Backblech und überdecken Sie diese mit etwas Küchenpapier. Legen Sie das Blech nun wieder für etwa eine Stunde in den Kühlschrank. Danach sollten die Donuts etwa doppelt so groß geworden sein. Anschließend einen tiefen Topf nehmen und darin das Pflanzenöl auf ca. 190 °C erhitzen - oder Sie nutzen hierfür eine Fritteuse.

3 Zunächst maximal zwei Donuts vom Backpapier nehmen und zum Ausbacken vorsichtig in das erhitzte Öl geben. Sie müssen zwischen zwei und drei Minuten von jeder Seite gegart werden, bis sie goldbraun sind. Die Donuts werden dann aus dem Topf genommen und zum Abtropfen auf ein Stück Küchenpapier gelegt, bis sie etwas abgekühlt sind. Zur Herstellung der Füllung nehmen Sie eine Schüssel, vermischen darin den Lavendelhonig mit der Schlagsahne und verrühren alles kräftig, bis eine glatte, cremige Masse entstanden ist. In jeden Donut vier Löcher stechen, z. B. mit dem Stiel eines TLs. Die Füllung in einen Spritzbeutel geben und etwas in jedes Loch der einzelnen Gebäckstücke füllen.

4 Zum Schluss vermischen Sie noch den Puderzucker mit dem Lavendelsirup und dem Zitronensaft, bis eine glatte Glasur entstanden ist. Bestreichen Sie die Donuts damit und verteilen Sie auf jedem jeweils ein paar kandierte Lavendelblüten.

CROISSANT-DONUTS MIT ZITRONENCREMEFÜLLUNG

4 Stück

430 Min.

Mittel

Zutaten

170 ml Milch, lauwarm und extra 200 ml Milch
1 Paket Trockenhefe
140 g und extra 1,5 EL Weizenmehl, Typ 550
140 g Weizenmehl, Typ 405
150 g Butter, gewürfelt und gekühlt
100 g Puderzucker
2 Eigelb
1 TL Salz
6 EL und extra
40 g Zucker
2 EL Pflanzenöl
3 EL Traubenkernöl
1 EL Speisestärke
1 EL Zitronenabrieb
1 EL Orangenabrieb
2 EL Zitronenthymian
2 EL frisch gepresster Zitronensaft

Außerdem
Mehl zum Bestreuen der Arbeitsplatte

Nährwerte

925,9 kcal
111,1 g Kohlenhydrate
47,9 g Fett
11,3 g Eiweiß

1 Zunächst nehmen Sie für die Cremefüllung eine Schüssel und vermischen darin 40 Gramm Zucker mit den zwei Eigelb. Geben Sie noch die Speisestärke hinzu und verrühren Sie alles, bis eine glatte Masse entstanden ist. Erwärmen Sie dann 200 Milliliter Milch. Fügen Sie diese nach und nach zur hergestellten Creme hinzu und geben Sie noch den Zitronenabrieb hinein. Danach die gesamte Masse wieder in den Topf geben, erhitzen und alles verrühren, bis es cremig und glatt ist.

2 Nehmen Sie eine Schüssel und geben Sie das gesamte Mehl, zwei EL Zucker, die Hefe sowie das Salz hinein. Vermischen Sie die Zutaten mit den Händen. Fügen Sie die Milch sowie die zwei EL Pflanzenöl hinzu, vermengen Sie alles und kneten Sie den Teig, bis er geschmeidig ist. Den Teig aus der Schüssel nehmen, auf eine mit etwas Mehl bestreute Fläche legen und etwa zehn Minuten durchkneten.

3 Eine zweite, saubere Schüssel leicht einfetten, den Teig hineingeben und abgedeckt für ca. zwei bis drei Stunden an einen warmen Ort stellen. Dann sollte der Teig etwa doppelt so groß sein. Danach den Teig nochmals durchkneten und daraus eine Kugel formen. Diese nun für etwa eine Stunde in den Kühlschrank stellen und erneut gehen lassen. Anschließend den Teig herausnehmen, die gekühlte Butter hineinkneten und alles dabei gut vermengen.

4 Nun den Teig erneut ca. eine Stunde im Kühlschrank ruhen lassen. Die Teigmischung dann auf der bemehlten Fläche so ausrollen, dass er ein Quadrat bildet und etwa einen Zentimeter dick ist. Hieraus vier Kreise mit einem Durchmesser von neun Zentimetern ausstechen und aus diesen jeweils in der Mitte vier kleinere Kreise mit einer Größe von drei Zentimetern. Platzieren Sie die ausgestochenen Formen dann auf den zugeschnittenen Backpapierstücken auf einem Backblech und überdecken Sie diese mit etwas Küchenpapier. Legen Sie das Blech nun wieder für etwa eine Stunde in den Kühlschrank. Danach sollten die Donuts etwa doppelt so groß geworden sein. Anschließend einen tiefen Topf nehmen und darin das Pflanzenöl auf ca. 190 °C erhitzen – oder Sie nutzen hierfür eine Fritteuse.

5 Zunächst maximal zwei Donuts vom Backpapier nehmen und zum Ausbacken vorsichtig in das erhitzte Öl geben. Sie müssen zwischen zwei und drei Minuten von jeder Seite gegart werden, bis sie goldbraun sind. Die Donuts danach aus dem Topf nehmen und auf etwas Küchenpapier abtropfen. Vermengen Sie dann auf einem Teller die vier EL Zucker und den Orangenabrieb. Tauchen Sie abschließend die Donuts mit der Oberseite in die Mischung und lassen Sie sie dann abkühlen. In jeden Donut vier Löcher für die Füllung stechen, z. B. mit dem Stiel eines TLs. Dann die Zitronencreme in einen Spritzbeutel geben und in die einzelnen Gebäckstücke füllen. Zum Schluss vermischen Sie noch den Puderzucker mit dem Zitronensaft, bis eine glatte Glasur entstanden ist, und bestreichen die noch warmen Donuts damit.

CROISSANT-DONUTS MIT KIRSCHPÜREEFÜLLUNG

4 Stück

440 Min.

Mittel

Zutaten

170 ml Milch, lauwarm
1 Paket Trockenhefe
140 g Weizenmehl, Typ 550
140 g Weizenmehl, Typ 405
150 g Butter, gewürfelt und gekühlt
1 TL Salz
2 EL Zucker
2 EL Pflanzenöl
3 EL Traubenkernöl
2 EL Kirschgeist
100 g Puderzucker
250 g Kirschen, frisch
1 EL frisch gepresster Zitronensaft
4 Kirschen, kandiert

Außerdem
Mehl zum Bestreuen der Arbeitsplatte

Nährwerte

810,2 kcal
89,7 g Kohlenhydrate
44,7 g Fett
9,6 g Eiweiß

1 Nehmen Sie eine Schüssel und geben Sie das gesamte Mehl, den Zucker, die Hefe sowie das Salz hinein. Vermischen Sie die Zutaten mit den Händen. Fügen Sie die Milch sowie die zwei EL Pflanzenöl hinzu, vermengen Sie alles und kneten Sie den Teig, bis er geschmeidig ist. Den Teig aus der Schüssel nehmen, auf eine mit etwas Mehl bestreute Fläche legen und etwa zehn Minuten durchkneten. Eine zweite, saubere Schüssel leicht einfetten, den Teig hineingeben und abgedeckt für ca. zwei bis drei Stunden an einen warmen Ort stellen. Danach sollte der Teig etwa doppelt so groß sein. Danach den Teig nochmals durchkneten und daraus eine Kugel formen. Diese nun für etwa eine Stunde in den Kühlschrank stellen und erneut gehen lassen. Anschließend den Teig herausnehmen, die gekühlte Butter hineinkneten und alles dabei gut vermengen. Nun den Teig erneut ca. eine Stunde im Kühlschrank ruhen lassen.

2 Die Teigmischung dann auf der bemehlten Fläche so ausrollen, dass er ein Quadrat bildet und etwa einen Zentimeter dick ist. Hieraus vier Kreise mit einem Durchmesser von neun Zentimetern ausstechen und aus diesen jeweils in der Mitte vier kleinere Kreise mit einer Größe von drei Zentimetern.

3 Platzieren Sie die ausgestochenen Formen dann auf den zugeschnittenen Backpapierstücken auf einem Backblech und überdecken Sie diese mit etwas Küchenpapier. Legen Sie das Blech nun wieder für etwa eine Stunde in den Kühlschrank. Danach sollten die Donuts etwa doppelt so groß geworden sein. Anschließend einen tiefen Topf nehmen und darin das Pflanzenöl auf ca. 190 °C erhitzen – oder Sie nutzen hierfür eine Fritteuse. Zunächst maximal zwei Donuts vom Backpapier nehmen und zum Ausbacken vorsichtig in das erhitzte Öl geben. Sie müssen zwischen zwei und drei Minuten von jeder Seite gegart werden, bis sie goldbraun sind. Die Donuts werden dann aus dem Topf genommen und zum Abtropfen auf ein Stück Küchenpapier gelegt, bis sie etwas abgekühlt sind.

4 Waschen Sie die Kirschen, entfernen Sie die Kerne sowie die Stiele und geben Sie das Fruchtfleisch zusammen mit einem EL Kirschgeist in eine Schüssel. Pürieren Sie alles mit einem Rührgerät, bis die Füllung cremig ist. In jeden Donut vier Löcher stechen, z. B. mit dem Stiel eines TLs. Dann die Füllung in einen Spritzbeutel geben und etwas in jedes Loch der einzelnen Gebäckstücke füllen. Zur Herstellung der Glasur nehmen Sie eine Schüssel und vermischen darin den restlichen Kirschgeist sowie den Puderzucker und den Zitronensaft. Bestreichen Sie die Donuts damit und geben Sie auf jeden jeweils eine kandierte Kirsche.